图书情报与图书馆馆藏资源管理研究

扈玉华　著

汕頭大學出版社

图书在版编目（CIP）数据

图书情报与图书馆馆藏资源管理研究 / 扈玉华著
. -- 汕头 ：汕头大学出版社，2022.11
ISBN 978-7-5658-4877-3

Ⅰ．①图… Ⅱ．①扈… Ⅲ．①图书情报学②图书馆－
馆藏管理 Ⅳ．①G250②G253.5

中国版本图书馆CIP数据核字(2022)第241998号

图书情报与图书馆馆藏资源管理研究
TUSHU QINGBAO YU TUSHUGUAN GUANCANG ZIYUAN GUANLI YANJIU

作　　者：扈玉华
责任编辑：黄洁玲
责任技编：黄东生
封面设计：皓　月
出版发行：汕头大学出版社
　　　　　广东省汕头市大学路243号汕头大学校园内　邮政编码：515063
电　　话：0754-82904613
印　　刷：廊坊市海涛印刷有限公司
开　　本：710mm×1000mm 1/16
印　　张：12
字　　数：184千字
版　　次：2022年11月第1版
印　　次：2023年3月第1次印刷
定　　价：46.00元
ISBN 978-7-5658-4877-3

前言

随着国内各种现代化信息技术手段应用方式灵活化发展势头的日益显著，图书馆内各种馆藏书籍情报信息的收集管理与利用的工作方式，也在悄然之间发生了显著的变化。作为图书管理工作开设的重点性工作环节，通过应用情报信息整理与利用工作的开展实现图书秩序化管控的发展目标，已经成为图书馆界非常关注和探讨的重大课题。

本书是一部有关图书情报学和图书馆馆藏资源管理的专业书籍，从图书情报学的理论角度探讨现代图书馆馆藏资源的管理，并为图书馆的馆藏资源管理提出了切实有效的方法指导。本书主要内容包括图书情报学的概论，首先从理论层面深入解读图书馆学、情报学、图书情报，对图书情报理论做一详细的了解和明确概念；其次从管理学的角度对图书馆馆藏资源的管理做方向和方法性的规划；再次从图书情报在图书馆馆藏资源管理中的实际应用来发现图书情报的价值；从次对不同类型的馆藏资源的管理分别提出相应的管理建议，做到有效的分类管理；最后是对图书馆馆藏资源的整体规划管理，从源头的藏书建设到图书采购到图书馆目标性的馆藏资源宣传，实现图书馆馆藏资源的全方位管理。本书内容详实，理论联系实践，为图书馆的馆藏资源管理提供了建设性的方向和方法指导。较之市场同类书籍，本书角度新颖，内容全面，具体问题具体分析，对图书馆的馆藏资源管理提出了详细的、行之有效的建议与指导。

笔者在撰写本书的过程中，得到了许多专家学者的帮助和指导，在此表示诚挚的谢意。由于作者水平有限，加之时间仓促，书中所涉及的内容难免有疏漏之处，希望各位读者多提宝贵意见，以便作者进一步修改，使之更加完善。

扈玉华

2022 年 11 月

目 录

第一章　图书情报概论

图书情报是图书馆业务学科和情报信息学科相结合的一门综合性学科。它将图书馆学与情报学合二为一，在图书馆的管理上充分发挥情报学强大的信息搜集功能，让图书馆时刻保有灵敏的信息触角，在情报学的助力下，更好的为人们的信息需求提供最大的便利性，以及促进图书馆自身的管理和发展。图书情报的内容十分广泛，涉及图书馆学、情报学、文献学、目录学、经济学、统计学、传播学、历史学、语言学、逻辑学等方面，可谓是包罗万象。其中，最重要的内容就是图书馆学与情报学的内容了。本部分，我们将从图书馆学和情报学方面展开对图书情报的阐述。

第一节　图书馆学

一、图书馆学的概念

图书馆学是研究图书馆的发生、发展、组织、管理，以及图书馆工作规律的科学。通过总结图书馆工作和图书馆事业的实践经验，从而建立起科学的图书馆学理论体系，以推动图书馆事业的发展，提高图书馆对人类社会的影响和价值。它主要包含的内容有：信息资源建设；信息组织与信息检索；图书馆管理和用户服务；图书馆新技术应用和发展等。

图书馆学是一门正在发展中的科学，它随着历史的不断变迁，并融入了多种属性的科学内容，这些科学内容不仅完善了图书馆学的学科内容，也在图书馆的管理工作中发挥了重要的作用。随着社会发展和科学技术的进步，人类对信息、文化交流的需要日益增强，图书馆学的研究和应用前景也变得更加广阔，辅助图书馆为人们提供便捷的文化服务的价值也变得越来越明显。

二、图书馆学的研究对象

历史上,关于图书馆学研究对象的探讨,经历了一个不断深化和发展的过程。

观点一:图书馆学是对藏书的整理。这种观点是 1808 年由马丁·施雷廷格(Martin Schrettinger)提出的,他强调图书馆学的研究对象主要是对馆藏图书的配备和目录的编制工作。在当时的社会,图书馆的服务方式较单一,主要是提供藏书供人阅读和使用,他的学术观点也在当时也得到许多人的认同。

观点二:图书馆学以图书馆技术操作、工作方法为研究核心。这种观点的坚持者有艾伯特、莫尔贝希、爱德华兹等人,他们在对图书馆藏书的整理上注重整理技术和新方法的使用,对藏书建设、分类编目、典藏保护和读者服务等方面都进行了比较完整的经验总结,并用图书馆管理的概念加以涵盖。他们的这些努力也为当时的图书馆管理提供了借鉴性的方法和理论指导。

观点三:图书馆学以图书馆管理为研究对象。这种观点的集大成者是麦维尔·杜威(Melvil Dewey),他在 1887 年创办了哥伦比亚大学图书馆管理学院,将图书馆管理变成一门专业学科进行研究,其教学体系的核心是探求图书馆管理的“实际的效用和经营”。不再局限于对图书的具体整理工作,而是将视角扩大为对图书馆整个事务活动的管理。他的这一观点也在当时学术界受到普遍重视,对后世影响广泛。

观点四:图书馆学应将研究对象放在建立图书馆哲学上。20 世纪 30 年代,美国的皮尔斯·巴特勒(Pierce Butler)和后来的杰西·豪克·谢拉(Jesse Hauk Shera)等人,认为图书馆的管理和技术方法问题,不应成为图书馆学的主要研究对象,图书馆学应研究其理论基础和科学原理以建立图书馆哲学,从而揭示图书馆的本质特征和发展规律。以巴特勒和谢拉为代表的观点,扩大了图书馆学的研究对象范围,有助于人们在更广大的实践范围内,更深层的意义上科学地总结图书馆事业建设和图书馆工作的规律。

以上对图书馆学研究对象的四种观点,主要是西方普遍存在的具有大众认同性的观点。但对于中国的图书馆学的发展来说,更多的是基于我国图书馆发展具有阶段性的观点,主要有以下内容。

　　20 世纪 20–30 年代，在中国关于图书馆学研究对象问题的探讨中，占主流的是关于图书馆管理的观点。其中，根治于此主观点下，提出了图书馆学研究图书馆各构成要素的观点。20 世 30 年代，刘国钧在其《图书馆学要旨》一书中提出图书、人员、设备和方法四要素应成为分别研究的各种专门学问。1957 年，刘国钧又发表了题为《什么是图书馆学》的文章，进一步发展了"要素"说。认为图书馆事业有图书、读者、领导和干部、建馆设备、工作方法等五项要素，并认为图书馆学研究的对象就是图书馆事业及其各个组成要素，分别对这五项要素进行研究，从而构成图书馆学的整体。

　　20 世纪 50 年代，苏联图书馆学引入中国，列宁认为图书馆是社会组织的有机组成部分，图书馆应遵循一般社会发展规律。这种观点在当时成为探讨图书馆学研究对象问题的指导思想之一。从 1957 年开始，我国对图书馆学研究对象问题的探讨也开始力求摆脱单纯考察技术、方法、问题的旧模式，将图书馆与社会相结合来看待它的管理和发展。

　　20 世纪 60 年代初，中国图书馆学界开始运用矛盾论的观点研究图书馆学，并取得了一些进展。但由于人们对图书馆矛盾认识的不同，结论也各不一致，其中以研究"藏"与"用"的矛盾、"图书"与"读者"的矛盾观点较具影响力。这也是我国图书馆管理上更加注重图书的使用效果和与读者的关系紧密度上的一大思想进步。

　　20 世纪 80 年代，人们对图书馆学的研究对象进行了科学的揭示，产生了许多新的观点，其中较有代表性的是"情报交流""文献交流"和"知识交流"。这三种不同的观点虽各有特点，其实是互为表里，三位一体的。情报和知识紧密联系不可分割，它们借助于文献得以广泛传播。作为交流工具的文献，其内容蕴藏着情报和知识，图书馆利用文献为社会服务，实际上也就是进行着广泛的情报交流和知识交流。

　　各种论点出现在认识科学真理的过程中，一方面从不同的角度揭示了图书馆学的研究对象，另一方面也丰富了图书馆学研究的内容，这对图书馆的管理和发展都有着巨大的意义。

三、图书馆学的产生、发展与反思

（一）图书馆学的孕育（19 世纪之前）

人类很早就开始通过专门的文献收集、整理、保管等活动保障信息的有效查询与获取。图书馆是集中开展这类活动的最古老机构，它也因此完整见证了人类围绕信息交流、信息查询和信息获取而取得的几乎所有的文明成果，包括造纸技术、印刷技术、计算机技术、网络技术的发明以及科技期刊、报纸、数字化文献等各类文献形式的问世。

在长期的工作实践中，很多图书馆和图书馆员都在保障信息查询与获取两个方面积累了丰富的经验，有些还对自己的经验进行了总结。最早的经验积累来自历史上存在过的几所著名图书馆。据史书记载，公元前几百年在尼罗河流域、两河流域和我国都出现过著名的图书馆。这图书馆已经开始采用颇为复杂的工作流程和方法收集与整理文献，供人们信息查询和获取。其中，最著名的当属古埃及的亚历山大图书馆。亚历山大图书馆是埃及托勒密王朝时代建设的图书馆，大约存在于公元前 3 世纪至公元 3 世纪之间。相传托勒密几代国王都十分注重亚历山大图书馆的文献收集工作，曾专门派人到各国采集文献，从而使亚历山大图书馆成为当时藏书最丰富的图书馆。与此同时，由于藏书丰富，亚历山大图书馆还采用了相当复杂的手段辅助馆藏查询。首先是通过分类排列图书辅助查询，其次是通过图书馆目录辅助查询。相传亚历山大图书馆已经编有辅助查询的书本式目录，叫作《皮纳克斯》。用今天的话语来评价亚历山大图书馆，它已经具有了强大的保障信息查询与获取的能力，积累了保障信息查询与获取的重要经验。

早期保障信息查询的技术还来自图书馆之外的各种文献组织整理工作，特别是国家书目的编制工作和经典文献的索引编制工作。前者以我国国家书目的编制为代表，后者以圣经索引的编制为代表。我国国家书目的编制工作起源于汉代。公元 202 年成立的汉王朝"改秦之败，大收篇籍，广开献书之路"，先后在全国开展了三次大规模的图书收集活动。至汉成帝时，国家藏书已"积如山丘"。汉成帝命学者刘向、刘歆父子整理藏书，包括备众本、删重复、订脱误、谨编次、撰书录五项，开国家藏书系统整理之先河。这次文献整理工作产生了一繁一简两部目录，分别命名为《别录》和《七略》。其中，《七略》已经采用了非常系统的分类方法，将所有图书分为 6 个大类、38 种、634 家，共著录图书 13397 卷，是我国最早的综合性群书分类目录。西汉以后，我国历代王朝都注重编纂当朝国家书目。

西方在 13–14 世纪出现的《圣经字词索引》代表了古代另一种信息查询工具。与《七略》不同，《圣经字词索引》指向《圣经》中更具体细小的信息单元。它以《圣经》中的字词为目，按字顺排列，显示每个字词在《圣经》中出现的位置。到 16 或 17 世纪，这样的字词索引已经相当普遍，很多经典的哲学、科学及人文著作都有附加的字词索引，有些索引还以单行本发行。

随着图书馆内外文献组织整理经验的积累，有关图书馆及文献整理工作的专门著述开始出现。这些著述成为图书馆学著作的雏形。其中，有关文献整理经验的著述繁多。我国几乎每个朝代的文献整理工作都伴随着相关经验的总结，很多学者也把梳理文献典籍作为治学之道，并为此著书立说，因此产生了大量文献整理方面的著述。今天我们通常把这类著述称为古典目录学著作。

（二）图书馆学的出现（19 世纪至 20 世纪初）

19 世纪是图书馆学加快萌芽的时期，出现了很多值得纪念的里程碑式事件，首先是图书馆学概念的提出。"图书馆学"于 19 世纪初由德国图书馆活动家马丁·施莱廷格（Martin Schrettinger）提出。施莱廷格有 40 余年从事图书馆工作的经验，他将自己从事图书馆工作的经验整理为系统的著述，命名为《试用图书馆学教科书大全》，于 1808 年出版该书的前两部。在这部著作中，他不仅详细地总结了自己在图书收集、分类、编目等方面的经验，而且尝试定义了他提出的图书馆学的概念，认为图书馆学是"图书馆实施有目的地组织所需要的理论准则的概括"。施莱廷格对图书馆学的定义表明，他已经意识到图书馆业务需要专门的知识体系，是专业化职业意识和学科意识觉醒的双重表现。正因为如此，很多图书馆学史著作都将图书馆学的形成时间追溯到这一时期。

19 世纪见证了图书馆藏书组织整理技术的迅速发展。这一时期，欧美的很多国家图书馆（如不列颠博物馆）、大学图书馆（如德国格丁根大学图书馆）都开始采用比较复杂的藏书组织整理技术。至 19 世纪后半叶，有些图书馆技术已经达到相当复杂的程度。例如，在分类技术方面，当时已有《杜威十进分类法》

这样复杂、实用的分类体系；在图书馆目录方面，已有查尔斯·安米·卡特（Charles Ammi Cutter）提出的系统、完整的目录编制规则。这些技术都对后来的图书馆职业乃至整个人类文明产生了非常深远的影响。其中，杜威分类技术和卡特编目技术依然是现今图书馆情报学知识体系的重要组成部分。

1876 年，以美国图书馆协会的成立为标志，图书馆职业作为现代专业化职业宣告形成。为适应这个新职业对人才的需要，在美国、俄国、意大利等国，都出现了对图书馆员进行培训的活动。例如，在美国，杜威就曾多次在其任职的图书馆举办馆员培训班。美国图书馆协会成立之后，他又多方呼吁建立专门的图书馆学校。1887 年，世界上第一所图书馆学院终于在哥伦比亚大学建立。此后，美国各地出现了很多类似的学院，到 1919 年，已有 10 多所比较正规的图书馆学院建成。这些学院有的设在大学，有的设在技术学院，有的设在公共图书馆，但其培训内容大都模仿哥伦比亚大学图书馆的管理学院。这些培训项目与图书馆员之间的交流经验一起为现代图书馆学的诞生奠定了基础。

随着图书馆学教育的发展，以哥伦比亚大学图书馆管理学院为范本的人才培养模式渐渐暴露出不足。图书馆界批评图书馆学院的课程缺少统一规范和标准化，教师及毕业生质量太差。在这种背景下，卡内基基金会于 1919 年委托查尔斯 C. 威廉姆森（Charles Clarence Williamson）对美国图书馆职业教育的现状进行调查，并于 1923 年出版了反映这次调查结果的《威廉姆森报告》。该报告建议图书馆职业模仿其他专业化职业的教育模式，在综合性大学内设图书馆学研究生院。1928 年，根据《威廉姆森报告》的建议设置的第一所图书馆学研究生院在芝加哥大学成立，与以往的图书馆学院不同，芝加哥大学图书馆学研究生院（The Graduate Library School）以研究为主，只招收研究生。

从很大意义上可以说芝加哥大学重新打造了正在孕育中的图书馆学，使它作为现代科学分支的地位得以确立。

（三）现代图书馆学的形成

在人类语言中，"科学"一词可以有很多含义，但在讨论一个学科成立的标志或标准时，美国知识经济学者弗里兹·马克卢普（Fritz Machlup）的定义比较适用。马克鲁普指出："科学是通过一定方法形成的、关于一个正统或经验领域、自然或文化领域的系统的、连贯的知识体系，它必须满足以下条件：①以经得起检验的、诚实的、认真的研究为基础，并且具有非专业人员难以理喻的见解；②它是为了探索知识或一般实践而形成的，而不是为了特定情景下的即时应用而形成的。"

这个定义揭示了科学的若干基本特征：首先，构成"科学"的基本成分是知识，它既不是个人的观点，也不是事实的堆砌，更不是单纯的消息报道，而是具有一定抽象性、规律性和洞察力的认识。其次，科学由关于确定领域的、彼此关联的知识组成，是具有一定内在结构的体系；科学研究活动虽然经常表现为个人或团体的行为，但是其结果却构成整个学科体系的组成部分。最后，科学需以正规、可靠的方法为基础，这些方法一般需要经过严格的、较长时间的训练才能掌握，因而科学研究一般由相对少数的专业人员承担。

如果根据上述"科学"的含义来理解作为科学分支的图书馆学，其"科学"特征确实是在芝加哥大学图书馆学研究生院成立之后才逐渐完备的。在此之前，图书馆虽然已有几千年历史，但是关于图书馆的认识长期停留于对具体工作方法、经验和个人观点的描述。把图书馆活动当成一种社会实践加以科学研究，始于芝加哥大学。

第一，芝加哥大学图书馆学研究生院第一次明确提出，图书馆活动是一个重要的社会实践领域，应该成为整个社会科学研究对象的重要组成部分。学院教授之一巴特勒在其所著的《图书馆学导论》中特别谈到图书馆学在整个社会科学体系中的位置，"我们对人类社会的理解必须包括对这一社会要素在社会生活中作用的理解，因而图书馆事业是社会科学研究的众多现象的组成部分"。

第二，芝加哥大学图书馆学研究生院的成立改变了过去技校式的图书馆学教育，使图书馆学教育开始按专业化职业的教育模式来组织，既注重实践技能的培养，也注重理论的培养。在芝加哥大学图书馆学研究生院看来，"理论"是指那些通过对经验数据的分析和概括而形成的、可以按一定程序被经验数据检验的科学发现，而这样的理论是此前的图书馆职业和图书馆学所缺乏的。巴特勒曾尖锐地批评以前的图书馆专业人员对理论建设的漠然："与其他社会活动领域的专业人员相比，图书馆员对自己职业的理论方面充满了令人费解的冷漠。对于那种驱使现代人将自己的探索汇入人类生活主流的好奇心，图书馆员似乎天生缺乏。"

　　第三，芝加哥大学图书馆学研究生院为图书馆学引进了正规的社会科学研究方法。当时的芝加哥大学是美国乃至世界上著名的实证主义方法论应用基地。实证主义方法论的基本模式是根据已有的理论提出假设、确定变量、收集数据、证实或否定假设、肯定或发展已有理论。这是一种从自然科学移植过来的研究模式，其目标是获得可验证的普遍规律。学院的创院教师之一道格拉斯·韦普尔斯（Douglas Waples）就是这种方法的传道者，他不仅按实证主义的方法论研究阅读现象，提出了许多可以指导图书馆实践的阅读行为规律，而且还严格训练他的学生采用同样的方法，为20世纪40到60年代的美国图书馆学培养了一大批训练有素的实证主义研究者。图书馆学研究方法的"科学化"在图书馆学领域开创了崭新的研究风气，使图书馆学的研究活动得以按科学研究的规范进行。

　　第四，为了给科学的图书馆学研究活动提供交流平台，芝加哥大学创办了世界上第一份图书馆学研究刊物，即《图书馆季刊》。《图书馆季刊》与1876年创刊的《图书馆杂志》不同，它以报道图书馆学的研究发现为核心内容，较少涉及职业实践动态。如果说《图书馆杂志》是图书馆职业作为专业化职业的首个交流媒介，《图书馆季刊》则是图书馆学作为现代科学分支的首个交流媒介。由于芝加哥大学图书馆学研究生院的贡献，它成为世界图书馆学发展史上的一个当之无愧的里程碑，也标志着作为现代科学的图书馆学在世界范围的诞生。

（四）现代图书馆学的发展

　　从现代图书馆学形成到20世纪70年代它与情报学融合前夕，西方图书馆学经历了一段稳步发展的时期，产生了许多比较公认的领袖人物、相对集中的研究领域和研究内容，采用了相对一致的研究视角和方法。

　　就领袖人物而言，这一时期最有影响力的图书馆学家是巴特勒、谢拉和阮冈纳赞（S. R. Ranganathan）。巴特勒是芝加哥图书馆学研究生院的首批教师之一，他对图书馆学的最杰出贡献在于参与领导了图书馆学的"科学化"，他不仅令人信服地证明图书馆学是当代社会科学不可或缺的分支，承担着为图书馆职业创新知识的使命，而且界定了图书馆学的研究视角和研究方法。他认为图书馆学的研究视角应该是由社会学、心理学、历史学等构成的社会科学视角；图书馆学的研究方法应该遵循一般社会科学的研究规范，这在当时主要是仿照自然科学的实证研究规范："图书馆学只有从根本上遵循现代科学的思维方法才能成为科学。它所有的知识总结都应该从客观现象开始。这些现象应该通过严谨的科学观察法仔细观察，使要素得以明晰，要素的功能得以确定。要采用一切可能的手段来分离被观察的活动并获得它们的定量测度。"这些思想奠定了这一时期图书馆学的基本模式。

谢拉是芝加哥大学的毕业生，也是图书馆学发展史上最有影响力的人物之一。他对图书馆学的最主要贡献，一是吸收了新的情报学的成果，明确了图书馆作为社会交流系统组成部分的性质，并以对交流过程的关注上弥补了以往图书馆学局限于图书馆这一机构的不足，促成了图书馆学与情报学的融合；二是提出了社会认识论的概念框架，他设想的社会认识论主要关注社会作为整体如何获得、积累和利用知识，就像经济学关注社会作为整体如何生产、积累和消费物质产品一样，以求弥补传统认识论局限于个体认识过程的不足。谢拉曾希望社会认识论发展为系统的学说并为图书馆学提供理论基础。尽管社会认识论的发展并未如他所愿，却促使人们开始关注图书馆学的理论基础问题。

阮冈纳赞虽然是一位印度图书馆学家，但是包括谢拉在内的西方图书馆学家都十分推崇他的成就，视他为世界图书馆界的领袖，认为他的思想对西方图书馆学产生了非常深远的影响，从这个意义上说，阮冈纳赞不仅仅属于印度图书馆学。阮冈纳赞对图书馆学最重要的贡献是他的"图书馆学五法则"和《冒号分类法》。"图书馆学五法则"指以下五条有关图书馆本质的表述："书是为了用的；书是为所有人用的；每本书有其读者；节省读者的时间；图书馆是一个不断生长的有机体。"20世纪30年代，人们对图书馆究竟应该成为怎样的机构，是教育机构、教化机构、维护思想自由的机构还是支持研究的机构？存在着很多困惑和分歧，阮冈纳赞以极其精练的表述指出，图书馆就是有效地、与时俱进地发挥其交流功用的机构。他的《冒号分类法》把人类知识分解为五大组面，即本体、物质、能量、空间、时间。在类分特定图书时，根据该书涉及的组面，组配成相应的类目，这种类目既可以揭示该书所载信息的领域属性，也可以揭示其意义指涉属性。这样的分类法体现着吠陀哲学对人类知识的理解，与杜威层层细分人类知识的思路完全不同，为信息的组织提供了一个崭新的视角。

　　就研究领域和内容而言，这时期的图书馆学把图书馆视作沟通人类知识记录及其利用者的社会设施，探索与这一功能相关的理论和技术。阅读行为、图书馆管理、图书分类编目、藏书建设、图书馆史等都是这一时期的核心研究内容。阅读行为研究主要考察人们的阅读兴趣、阅读量、图书馆利用率差异及其影响因素、阅读兴趣与实际阅读材料之间的关系等问题。20世纪30-40年代，阅读行为研究曾是芝加哥大学图书馆学研究生院一道亮丽的风景线。在韦普尔斯等人的领导下，学院承担了一批又一批关于阅读行为的研究课题，用大量的社会调查数据，细致地分析了影响阅读兴趣和行为的各种因素。图书馆管理研究是把图书馆视作一个组织，考察其财务、人事、行政、组织结构、绩效等要素的有效管理，旨在通过改善组织管理提高组织绩效。

　　美国学者杨格（P Young）对《图书馆季刊》论文的内容分析显示，该刊创刊后的第一个十年（1931-1940年）有21篇论文关乎各类图书馆管理问题，第二个十年（1941-1950年）有25篇论文针对管理问题。分类编目研究延续杜威和卡特等先驱的研究方向，主要探索对信息进行组织整理以形成信息查询工具的理论与技术。当时活跃于20世纪60年代的英国分类法小组以及美国国会图书馆的很多成果就是这类研究的代表。

　　就研究视角和方法而言，这时期的西方图书馆学基本上采用社会科学视角。这种视角的基本特征是把图书馆看成对个人和社会具有重要价值的社会机构，把图书馆活动看成人类社会实践的一部分，把图书馆的发展看成与社会整体的发展密不可分的过程。对于这种视角，谢拉有过精辟的表述，"很明显，图书馆是一种社会部门，在社会中起着媒介作用。它过去是，现在仍然是受社会环境的影响和制约的。社会是图书馆的支柱，反过来，图书馆必须满足社会的要求并对其负有责任。因此，要了解图书馆的过去、现在和将来，我们必须首先了解社会性质本身以及支配这个社会的文化和价值体系。"在研究方法方面，这时期的图书馆学除了采用历史方法以外，主要采用从自然科学模仿来的定量研究思路（实证主义思路）。这种思路的推广受到当时整个社会科学实证主义思潮的影响和图书馆学内部韦普尔斯及其学生的推动。美国学者哈里斯（Michael HHarris）在评价这一研究传统的影响时说："必须指出的是，自30年代以后，采用这种新的实证主义方法的图书馆专业人员是一组为数甚少的精英人物……

但是，由于他们占据着今天美国绝大多数图书馆学院的教学位置，又生产着美国绝大多数图书馆学研究成果，他们的影响是非常显著的。"

我国现代图书馆学开始于 20 世纪 20 年代。1920 年，曾进修过图书馆学的美国学者韦棣华（Mary Elizabeth Wood）在武昌文华大学创办了图书科，开始了我国图书馆学教育。1929 年，即芝加哥大学图书馆学研究生院成立后的第二年，武昌文华大学图书科独立为武昌文华图书馆学专科学校。学校按中西结合的原则办学，西方影响主要来自美国。然而，在芝加哥大学的研究成果陆续问世和第一批研究生陆续毕业并开始产生影响的时候，动荡的战争局势阻断了来自西方的图书馆学研究成果及影响，也使我国图书馆学在起步阶段就错过了"图书馆学科学化"的洗礼。所以，尽管 20 世纪 20 年代和 30 年代中国出现了一批杰出的图书馆学教育家、图书馆活动家，如沈祖荣、胡庆生、刘国钧、杜定友，也出现了许多有影响的著述，但是，在图书馆学研究方法方面，我国缺失系统的、有意识的"科学化"改造。

从 20 世纪 30 年代末至 40 年代末，我国图书馆学研究基本上处于停滞状态。新中国成立后，由于其社会制度和意识形态与苏联一致，也由于西方诸国的敌意和封锁，我国社会科学便主要接受了来自苏联的影响。从 20 世纪 50 年代初至 60 年代，我国再次出现了大批图书馆学学者和著述，然而，由于当时历史条件的限制，这些学者的研究活动大都带有苏联图书馆学的色彩。这是一种重意识形态、轻研究方法的研究。我国学者黄纯元称其为"泛政治化"研究。

（五）20 世纪 70 年代以前的图书馆学反思

20 世纪 20 年代末创办的芝加哥大学图书馆学研究生院在很多方面为 20 世纪 20-70 年代的图书馆学奠定了基调，其基调之一就是将图书馆学视为关于图书馆这一社会机构的学问："我们对人类社会的理解必须包括对这一社会要素在社会生活中作用的理解。"因此，20 世纪 70 年代以前的大部分时间里，图书馆学都将自身界定为一门关于图书馆的学问，同时将图书馆理解为社会机构之一。与此相适应，这个学科无论对信息有效查询的关注，还是对信息有效获取的关注，都受到图书馆这一机构视野的限制。在保障信息有效查询方面，图书馆学主要研究馆藏图书的组织整理技术。在保障信息有效获取方面，图书馆学主要关注图书馆及其馆藏的利用、图书馆内部服务和管理、图书馆用户的行为特征等。

上述视野的局限性，从多个方面限制了图书馆学对信息有效查询与获取的支撑能力。首先，即使是在图书馆利用率相当高的社会里，依然存在大量不利用图书馆的用户，图书馆学所提供的信息查询与获取技术与这一人群的福祉毫无关系。其次，在人类社会发展史上，图书馆机构之外始终存在一支从事信息组织整理的力量，如图书目录的编纂者和各类索引编制者等具体的信息整理工作。17 世纪后，随着科学文献的增长，特别是科学论文数量的增长，这支力量日益壮大。由于图书馆学主要关注图书馆活动，其知识体系对这支力量影响很小。最后，20 世纪 70 年代以前的图书馆，除专业图书馆外，大都以图书为加工处理单位。这样的组织整理深度对于更依赖论文的群体来说，根本无法满足需要。可以说，正是图书馆学的上述先天性局限，为其他群体参与解决信息查询与获取问题提供了空间。

四、图书馆学的分支学科

当代图书馆学的主体部分是由理论图书馆学、实用图书馆学和专门图书馆学组成的，这三大门类下又有许多不同的分支学科。

（一）图书馆学理论图书馆学

图书馆学理论图书馆学是研究图书馆学一般原理的学科，它为整个图书馆学提供基本理论和研究方法，描述整个图书馆发展的概貌，对图书馆学的其他组成部分和相关部分起着指导作用。

（二）图书馆学基础理论研究

图书馆学基础理论研究主要探索图书馆学的定义、研究对象和内容，图书馆学的理论基础、体系和结构，图书馆学的分支学科与相关科学，图书馆学方法论以及图书馆的性质、社会职能和作用，图书馆与社会进步等内容。

（三）图书馆学图书馆建设研究

图书馆学图书馆建设研究包括图书馆事业的发展规律经验教训、组织原理、体制及图书馆网的类型和建立原则、图书馆立法、图书馆员培养、图书馆学学术研究的组织工作、图书馆事业发展的战略研究等。

（四）图书馆学宏观图书馆学

图书馆学宏观图书馆学是对图书馆学研究对象进行宏观探索、逐渐形成的分支学科。它研究图书馆与社会的关系、与文献信息系统的关系以及图书馆之间的关系等。

（五）比较图书馆学

比较图书馆学是运用比较的研究方法对不同国别、地区、不同文化背景下的图书馆问题进行的研究。通过比较确定它们的共同点和差异点，分析原因，作出解释，并从中得出能够揭示客观规律的结论。

（六）实用图书馆学

实用图书馆学是在理论图书馆学所提供的基本理论的指导下，研究图书馆具体工作的理论、方法和技术而形成的一大门类，包括图书馆工作规律、图书馆管理、图书馆现代化等实际工作领域。

五、图书馆学的未来发展趋势

（一）技术化趋势

自从信息技术在图书馆的应用以来，图书馆学就极其重视有关的研究。近些年，随着诸多新技术的产生和应用，对这些新技术的可行性、适用性和应用的研究成为图书馆学研究关注的热点。在信息技术的影响下，图书馆学的技术化倾向导致研究主题高度集中于图书馆业务的流程和技术变革环节。与此同时，信息检索技术、数字图书馆技术、云计算和Library2.0等的迅速发展占据了图书馆学研究的主体。这些新技术在图书馆学未来的研究中仍具有持续的影响。

（二）多学科逐步融合趋势

近十年来，图书馆各个分支领域的研究都获得了发展，并取得了突出的成果。不少文献从经济学角度，运用经济学方法来研究信息经济在整个国民经济中所起的作用和所占的比例，对信息商品、信息市场、信息资源、信息政策等现代社会的信息经济活动与规律进行研究。对新兴的电子商务及电子商务中的信息流、网络经济等问题进行研究，而图书馆学也可以利用经济中的市场学和心理学去挖掘当代读者用户的阅读需求，为图书馆阅读推广中贡献力量。

（三）数字化趋势

数字信息资源的出现和使用，给图书馆学的深入研究带来了更多的研究方向，并围绕数字化的虚拟图书馆进行了一系列的广泛研究。如对有关图书馆提供电子图书阅读器的研究，包括这些基础设施电子书阅读器、笔记本电脑等的网上图书馆的研究均有涉及。也有对数字资源使用方面的研究，例如"社会化标注"（Social Tagging）将众多用户与信息资源联系起来，形成用户与资源的关系网络，有广泛的应用前景。

另外，在关于数字素养教育上，图书馆学对此的研究也有所发展。信息技术的高速发展为用户使用图书馆带来了巨大挑战，因此数字时代的用户教育成了图书馆学研究的重要方向。数字素养（Digital Literacy）这一术语在 20 世纪 90 年代开始被大量学者采用，主要是指阅读和理解超文本或多媒体形式的信息条目的能力，不仅包括信息素养，同时还包括图片——图像素养、再创造素养、分支素养和社会——情感素养等。数字环境下，图书馆要培养用户的数字素养，培训用户的数字素养技能。未来的图书馆学针对用户教育需要更加关注数字素养教育方面的研究。

（四）社会化趋势

图书馆学理论研究正在不断深入，并逐渐同社会实践相结合。根据对国内外近十年有关实验室信息系统（Laboratory Information System，简称 LIS）研究进展的研究，以及对研究热点的探讨，发现信息检索、知识管理、数字图书馆、信息组织与分类、图书馆管理等主题一直是国外 LIS 持续的研究热点。国外 LIS 较为成熟，研究内容系统而全面，已形成稳定的研究领域框架，现有研究多是在传统基础研究领域上逐步向纵深方向发展。理论研究终究是为了指导图书馆实践，无论是数字图书馆理论研究，还是图书馆事业研究都有与实践相融合的导向，在今后的图书馆学研究中理论与实践的研究也将会更加紧密。

第二节 情报学

一、情报学的概念

情报学是研究情报的产生、传递、利用规律和用现代化信息技术与手段使情报流通过程、情报系统保持最佳效能状态的一门科学。它使人们正确认识情报自身及其传播规律，充分利用信息技术和手段，提高情报产生、加工、贮存、流通、利用的效率。情报学的主要内容有：情报的产生、内容、特点和结构；情报的传播、交流和利用；情报的贮存和检索；情报的标准与规范；情报系统和网络；情报用户和情报需求；情报的大容量存储和高速传递；情报学与相关学科；现代化信息技术和手段在科学情报领域；情报的经济学与社会学。

二、目前情报学主要的研究方法

社会调查法。通过现场调查针对社会现象搜集数据进行分析，这种方法又可分作直接方法与间接方法两大类，前者主要是用现场观察法，后者又分作访问调查与调查表调查。

文献计量统计方法。对已记录形式进行交流的各个方面进行计量统计，从中找出变化规律，建立相应数学模型，从定性与定量分析中达到掌握过去与现在的变化脉络，进而预测未来可能的变化。

数学分析法。现代数学的许多分支在情报学的研究中都在应用，如在情报检索理论、情报传递的机制、情报采集方案的确定中，概率论、集合论、数学微分方程、运筹学等均在应用，甚至数论、图论、泛函分析变分法等也可以应用。

系统分析与评价方法。对于情报系统各个侧面与总体，可通过引进系统论等方法，进行分析与评价、规划与设计。由于系统论的研究方法众多，对某一具体研究对象来说，就需要比较不同的方法，从中选择最佳方法，以期获得最优的结果。

历史的研究方法。进行历史的研究一般先鉴别一个历史问题，搜集有关史料，形成假说，然后进一步严格搜集与组织史料，认真加以核实，进行分析，得出结论。历史研究可以帮助我们了解情报学是如何形成的，促使我们了解过去的事件发生的原因、时间，地点与方式。

三、情报学的产生和名称确立

（一）情报学的孕育：文献工作和文献学（19 世纪末至 20 世纪 30 年代）

情报学的起源可以追溯到 19 世纪末 20 世纪初的文献工作和文献学。19 世纪末，随着科学文献的增长，图书馆学在解决信息查询问题特别是科学研究信息的查询问题方面，显示出不足。最新的科技成果大都以期刊论文、会议论文、研究报告、专利等非书形式出现，但卡特和杜威的查询技术却是为图书而设计，不善应对日益复杂的科学研究信息查询需求。不满足于现状的科学家团体没有等待图书馆学在这个问题上的自我完善，而是分流出一部分科学家专门研究和实施科学研究信息的组织整理。1935 年，首届国际文献学大会在哥本哈根召开，表明这支"非图书馆学"力量已初具规模。

文献学的经典定义来自英国文献学家塞缪尔·克莱门特·布莱德福（Samuel C Brad-ford）。布拉德福将文献学定义为收集、分类人类所有智力活动的记录并使之易于获取的艺术。由此可见，文献工作和文献学的核心目标是保障科学研究信息的查询与获取。这样的文献学显然与图书馆学共享使命和宗旨，这导致文献工作与图书馆工作、文献学与图书馆学从一开始就很难区分。文献学的领袖人物之一保罗·奥特勒（Paul Otlet）就曾讲授过图书馆学课程，他的主要文献学贡献如《国际十进分类法》，就是在继承图书馆学成果《杜威十进分类法》的基础上形成的。

然而，20 世纪初的文献学还是走了一条与图书馆学并行而非融合的道路。图书馆学在保障信息查询与获取方面，客观上为文献学的独立发展提供了空间，而早期的文献学家大都是从科学共同体分流出来的科学家，对图书馆员及其知识体系缺乏主观认同，他们更倾向于在图书馆学之外另辟蹊径，而不是投身图书馆学对其进行完善。其结果是，文献学一开始就与图书馆学表现出不同的视野与旨趣。首先，文献学完全不受图书馆这一机构视野的限制，它关注任何地方存在的任何信息；其次，文献学关注的信息组织整理对象不限于图书所记载的较大篇幅的作品，也包括期刊论文、论文集论文、专利等短小作品；最后，为了保证对任何细小作品的查询效率，文献学比图书馆学更关注机械化和自动化信息查询技术（后来称为信息检索技术）的研发。为了支持自身的交流活动，文献学家不仅成立了自己的学会，还创办了自己的刊物，如英国的《文献学刊》。

（二）情报学的产生：信息储存与检索（20 世纪 40-50 年代）

一战以后，由于科学研究信息的查询需求日益强烈，科学共同体在保障信息查询与获取方面也加大了研究力度。1945 年，美国科学家范内瓦·布什（Vannevar Bush）发表了展望科学研究信息查询技术的论文《诚若所思》，提出了智能化信息检索的设想。1948 年，英国皇家学会为改善科学研究信息的查询与获取，在伦敦召开了专门会议。会议的中心议题包括知识创新成果的出版、文摘和索引工作、文献分类工作、机械化索引技术（包括缩微胶卷选择器技术、穿孔卡片技术等）、图书馆服务；其中与信息查询相关的内容占据了核心位置。与此同时，各国政府也相继支持了一大批服务于信息查询的研究项目。1951 年，美国科学家塞缪尔·莫尔斯（Calvin Mooers）开始将这类研究称为信息检索。此后，从科学共同体分流出来的科学家们开始大规模地研究信息检索技术，以至于 20 世纪 50-60 年代，信息储存与检索几乎取代文献学成为这个新兴领域的名称。

这段时间，有关信息存储与检索的研究大大突破了图书馆学的关注范围和技术水平，极大地提高了社会保障信息有效查询的能力，也奠定了情报学在保障信息有效查询方面的优势地位。与此同时，这批从科学共同体分流出来的学者也开始关注其科学家同行的信息需求和阅读行为，为后来的信息行为研究奠定了基础。

（三）情报学名称及研究对象的确立（20 世纪 50 年代末至 60 年代）

如前所述，早期文献学家大都是其他领域分流出来的科学家。1953 年，英国学者 J. 法拉丹（Jason Farradane）开始用情报科学家称呼这些学者，意谓从事信息工作或研究的科学家们。1955 年，他开始用情报学概念描述他所从事的研究领域。1958 年，法拉丹等人领导成立了英国的"情报科学家协会"。此后，情报学作为这个领域的名称开始获得越来越多的认可。

1968 年，美国文献学会更名为美国情报学会，其主办的《文献学刊》也同时改名为《美国情报学会会刊》。在学会成立的同时，也给出了情报学的"官方"

定义：情报学是研究信息的特征和表现、信息流的决定力量以及为保证信息最大获取和利用而采取的信息处理技术，它的知识体系关乎信息的生产、收集、组织、储存、检索、解释、传递、转化和利用。以上述变化及情报学定义的提出为标志，情报学在 20 世纪 60 年代末最终确立起来。

四、情报学的组成分类

（一）理论情报学

理论情报学主要研究情报的产生、加工、传递与利用问题。中国将其归纳为情报源、流、用的研究模式。情报学按传统着重研究"源"与"流"两方面，认为"用"是属于用户本身的问题，近来则有趋势强调"用"的研究，要研究交流的全过程。由于其他学科在情报学中的交叉渗透，近来产生了一些分支领域：如情报经济、情报心理、情报术语、情报数学、情报控制、情报社会等问题的研究。情报又可细分为政治情报、经济情报、科技情报、军事情报、社会情报等，但情报学主要关心它们的共性问题。

（二）应用情报学

应用情报学主要研究情报工作与事业这样一些偏重实践的问题，情报工作按流程可分为情报采集、加工、报道、检索、研究、服务等环节。研究这些环节中的规律性问题构成了应用情报学研究的微观方面。情报事业则是指一个较大领域（如国家、地区、大的团体等）从事的社会情报活动，对它的研究构成了应用情报学研究的宏观方面，并多涉及情报的基础结构，如情报政策与规划、情报机构、情报中心、情报学会、情报标准化、情报教育等问题的研究。它标志着一个国家的情报吸收能力，也是各级领导与管理人员关心的一些问题。应用情报学在中国有较大影响，中国的科技情报学家在这方面作出了一定贡献。

（三）情报工程技术

情报工程技术主要包括情报技术、情报系统等方面。情报技术主要是指与情报工作有密切联系的计算机技术、缩微技术、声像技术以及通信技术等。又可以按流程分为情报输入技术、情报存储技术、情报处理技术、情报输出技术以及情报传输技术。情报技术相对于信息技术则偏重于应用层次，其中联机情报检索、自动标引、机器翻译、光盘技术应用等是 21 世纪初期颇受重视的一些领域。由于人工智能的迅速发展、知识工程的运用、智能情报检索、专家系统等给情报技术的发展带来了更广阔的前景。在情报系统方面，比较典型的是通过数据传输网将计算机、情报资源、情报机构和用户联成有机整体，形成联机检索系统，情报资源共享。这方面已有了长足的发展，形成了名目繁多的各种情报系统。中国历来较为重视情报工程技术，各个专业部委在这方面倾注心力较多，其成果较多反映在历届的计算机情报检索及有关技术的研讨会上。

（四）情报学与相关学科的关系

情报学是在融会许多学科成果的基础上逐渐发展起来的，因此人们称它为一门新兴的、综合性交叉学科。

信息科学是研究信息的一门综合性学科。信息科学的基础是信息论，它只研究信息传输的共性，而不研究信息传输的特性，不涉及传输的知识内容、价值或语义问题。而情报学除了关心传输中的情报结构与形式，还关心传输的知识内容。情报学中专门有一个分支——情报研究，专门研究所传输的知识内容，分析各个学科、专业的水平动向，并进行适当归纳与综合，为各种决策提供支持。但信息科学可以对情报科学提供一定的理论支持，如它对于消息中有关信息量的概念提供了明确的处理方法，情报学可充分吸收和利用信息论的成果，以提高情报传递的效率。

计算机科学是通过对信息处理过程的研究，进一步对软件、特殊应用（人工智能）、计算机数学及计算机体系结构等方面进行探索性和理论性研究的一门科学。它是一种工具，计算机科学与情报学有着密切的交叉关系。电子计算机在情报活动中的广泛应用，使情报的搜集、加工整理、存储检索、传输开发利用等工作及其手段，发生了巨大的变化。它改变了图书馆和情报机构的传统观念和服务方式。

文献学与图书馆学关系十分密切，文献学或文献工作是情报学的基础之一，因此图书馆学与情报学的关系也较密切。但是情报学现在已越出了传统以记录载体为主要对象的阶段，着眼于广义的人类知识交流。一般来说，图书馆是以藏书、出纳、阅览等为工作重点，而情报中心则侧重加工、报道研究以至提供各类情报，要求揭示每篇文献以至每个数据的内容。目录学是图书馆学重要分支，而情报学则侧重于文献内容之文摘法、索引法与述评法。藏书量是衡量图书馆规模的重要标志，而情报中心则以文献加工数量，对信息进行综合分析的质量以及情报服务的及时性和有效性作为衡量其工作之重要标志。

科学学以科学技术整体活动作为研究对象，主要是研究科学技术发展的结构、机制、趋向及与相关领域如政治经济、文化、社会的关系。它是自然科学与社会科学交叉的产物，是综合性很强的新学科。但是科学技术的发展离不开学术交流。一个研究课题确定后，先要查文献。科学技术发展的具体体现是出人才出成果，而人才与成果最终也要在文献上表现出来，这是情报学着重探讨的一些问题。因此情报学也同科学学密切相关。再如科学计量学是科学学的一个分支，而在情报学中也有所谓文献计量学，两者内容是相同或接近的。只不过前者侧重为科学管理决策服务，而后者侧重为情报的科学管理服务。

管理学与情报学的关系也十分密切，情报管理就是管理学中的一部分。政府、企业或事业单位的领导人要在复杂情况下做出判断与决策，必须要有信息与情报做根据，而下属机构在实施决策过程中，又要不断将情况反馈给上级部门。为了使各种情报在部门内部外部顺畅流动，必须对情报流进行科学管理，才能制订正确决策，并使之顺利实施。在情报活动过程中运用先进技术手段，因此它与物理、机械、电工、电子等硬科学也有密切联系。此外，情报学还与控制论，通信科学语言学、语义学、心理学、社会经济学等有着密切的关系。

五、情报学的未来发展趋势

（一）技术化趋势

情报是人类的一种精神财富，不仅由每个有情报意识的人脑来承载，而且需要"世界大脑"来承载。为了使人们在任何时候都能容易地取得所需要的任何情报，这就需要把情报学的研究放在现代化的技术手段的基础上来开展。光盘、数字通信、光纤通信、人工智能、专家系统等先进的理论与技术将获巨大发展和应用。技术的发展又将对整个情报学产生极其深刻的影响，情报学在高新技术的武装下，有可能为人类创造性思维活动提供增智工具甚至人工大脑，协助人们进行更加复杂的思维活动。

（二）研究内容扩大趋势

情报学的内容与框架必将扩大，而不会局限在狭小的科学情报的范围内。

除了纸载文献这一情报传统媒体外，其他各种形式的情报媒体，比如声像、缩微、电子出版物等正在不断涌现，这些非纸质媒体的出现将改变人们生活的面貌，需要考虑"无纸信息社会"和"人机对话社会"的出现。社会生活的这种变革，将促使情报学在更宽广的领域内展开。

（三）研究对象从"系统"转向"用户"趋势

情报是激活了的、被吸收了的知识。这样的情报就分为两大类：一类是在社会领域中以各种激活形态存在的知识。另一类是在思维领域中以被吸收形态内化于人脑和群体的知识。知识的激活即情报产生的过程，知识的吸纳即情报吸收过程，都是人脑信息加工过程。而人脑的信息加工过程又等同于认知过程和思维过程。以往情报学的研究主要是观察用户对特定系统的利用，用户所隶属集团的群众特征来研究情报需求现象，这使情报满足用户需求的程度远远不够，因此我们今天应更重视个体的认知特征，从用户知识结构和知识状态的改变来研究情报需求的性质以及情报利用机制。这是情报学研究在微观上的进一步深化。研究情报对人的认知作用，重点理解用户情报需求和内在心理过程分析，促进所需要的情报在情报生产者和用户之间的传播。

（四）研究重心从"文献组织"转向"知识组织"趋势

情报学研究只有从文献单元深入到知识单元中去，才有其广阔的发展前景。情报学最初源起于解决科学交流的无序化问题，并对科学交流的规律作了比较深入的探讨，在这些理论指导下，情报工作也定位于为科学交流提供服务。随着时代的发展和科学的进步，人们对情报学研究提出了更高的要求，不仅要研究科学交流的规律，还要研究科学研究的规律。由此，就涉及到了"知识组织"。知识可分为两类：编码知识和意会知识。编码知识使用社会上通用语言文字符号的知识，包括"知事"和"知因"。会意知识则指不露的、难于用语言表述的知识，包括"知用"和"知人"。根据这种分类，传统情报学的研究内容仅局限于编码知识，对于意会知识领域尚未涉足。而且，即便是在编码知识范围内，我国现阶段的情报学也主要处于"文献组织"阶段，还没有达到"知识组织"转化。应深入到文献的知识内容中，从文献中捕捉有用的知识，将其精炼加工，针对具体的问题，提供解决的方案，让情报学真正起到"思想库""智囊团"的作用。

（五）社会化的趋势

以往的"小"情报观侧重单一学科的情报观，而不是普遍学科的情报观，是偏重某一方面的情报观，而不是全方位的情报观。"小"情报观仅限于科技情报观，而"大"情报观则将其扩展到包括科学情报、经济情报、政治和军事情报等在内的情报复合体领域。随着社会经济的发展，人们的情报需求向多元化发展，情报学研究从科学情报延拓到各类社会要求的情报，从单一领域的情报系统演变为综合的社会情报系统。以社会普遍存在的"情报"现象为研究对象，研究情报的构成和特性，研究情报生产、存储、组织交流、利用的规律、原理和方法。我们不是建立在某个具体领域、部门的情报实践之上，形成多个具体领域"情报学"，而是要研究综合社会情报现象，抽出它们共性的东西，建立具有社会性的一般情报。

第三节　图书情报

图书情报是图书馆学与情报学相融合而形成的一门综合性，专门服务于图书馆相关事务具有针对性和科学性的学科。图书情报的发展是图书馆学和情报学在其各自发展到一定成熟期后进行相互融合的过程。在这个发展过程中，图书情报随着应用实践和理论探索，不断地完善和发展着自己，也为图书馆的发展做出了巨大贡献。

一、图书情报的出现：图书馆学和情报学的融合

从表面上看，图书馆学和情报学在20世纪70年代以前属于各自的发展期，有着不同的理论研究视角。图书馆学研究图书馆这一机构，情报学研究信息、信息流动、信息处理技术。但从它们各自的历史和研究兴趣来看，它们显然共享终极目标或基本问题，即支持各自的实践研究活动，目的是保障社会成员的信息查询与获取。

可以这样描述两个学科在当时的异同：情报学试图通过研究信息、信息流

动和信息技术支持信息有效查询与获取；图书馆学则试图通过研究图书馆的运行机理支持信息有效查询与获取。从它们共同的终极目标来看，它们表面上的区别，事实上暴露了各自的缺陷。情报学的自大——自以为即使不去理解图书馆这一悠久的信息查询与获取平台就也可保障信息查询与获取；图书馆学的狭隘——自以为只要理解了图书馆的运行机理就能保障信息查询与获取。由于科学共同体主要按基本问题划分学科界限，两个共享基本问题的学科不可能长期共存，20世纪70年代，图书馆学和情报学的明智之举就是走向融合。

其实对于情报学的孕育过程，图书馆学不乏关注的目光。20世纪50年代，图书馆学家谢拉就呼吁图书馆学关注这个新兴领域。20世纪60-70年代，一些美国图书馆学院开设情报学课程，并将学院名称更改为图书馆情报学院，实现了图书馆学与情报学在教育平台上的融合。随后，这两个学科的研究与交流平台也开始融合，这不仅表现为期刊内容的交叉重叠，而且表现为期刊名称的变化。例如，美国的《图书馆研究》更名为《图书馆情报学研究》，英国的《图书馆学刊》更名为《图书馆情报学刊》，《加拿大图书馆学刊》与《加拿大情报学刊》合并为《加拿大情报与图书馆学刊》。这些都反映了人们在意识上开始认同图书馆学与情报学的融合，承认了图书情报的出现这一学科事实。

二、图书情报的知识体系

图书馆学与情报学融合后，图书情报开始突破原本的视野限制，转而从整个社会交流系统的高度，考察保障信息有效查询与有效获取的一般问题，并形成了与此相对应的核心知识体系，即服务于信息查询的知识分支和服务于信息获取的知识分支；每一分支又按其对应的问题的性质分为哲学、理论、技术或方法三个层次。

在保障信息的有效查询方面，图书情报首先要研究信息组织整理技术，包括但不限于信息属性的分析和描述技术及信息检索系统的设计技术。其次要研究信息查询行为，包括但不限于个人查询信息的行为模式、认知特征、信息相关性的判断依据等。最后要研究信息组织整理的认识论基础，包括但不限于不同学科的认识论传统、不同认识论立场对信息组织整理技术的影响等。

在保障信息的有效获取方面，图书馆情报学首先要考察保障信息获取的平台，主要是各种形态的图书馆的建设，包括但不限于图书馆的功能设计、文献资源体系建设、服务设计等。其次要考察保障信息获取的其他条件，如信息基础设施、政策、技术、社会交流系统等。再次要考察信息的运动与分布规律，包括信息在各类信息源中的分布规律和社会结构中的分布规律，信息用户的行为规律。最后要考察信息获取的认识论与伦理学基础。

总之，围绕着信息查询与信息获取这两大基本问题，融合后的图书情报涵盖了这两大核心领域。这两大领域加上历史研究（机构史、职业史、学科史）、教育研究以及交叉学科问题研究等，就构成了图书馆情报学的主要研究内容。在这里，图书馆相关问题（如运作、管理、利用）依然非常重要，但它只是图书馆情报学一般问题的组成部分，其相关知识也只是图书馆情报学知识体系的组成部分。

三、近年来国内外图书情报研究的热点情况

最近几年，随着因特网的普及，网络信息以指数形式增长，伴随着信息时代的发展和形成，表现出各个学科对信息技术的利用，以及对信息管理相关理论的研究与重视，从而使得信息系统和信息管理学科得到发展和壮大，各种与信息相关的研究也得到蓬勃的发展。对国内外图书情报热点进行研究，不仅有利于掌握国内外图书情报研究的发展动态，同时有利于了解国内外图书情报领域的重点研究方向，有利于指导国内图书情报领域有效开展原创性与跟踪性研究，推动事业沿着理性、健康的轨迹顺利发展。

（一）数字图书馆研究

进入 2007 年，国外围绕数字图书馆的研究主要涉及数字图书馆整体性研究、数字图书馆系统、数字图书馆服务以及数字图书馆评估。此外，随着数字图书馆服务的普及与深入，以面向特定领域的数字图书馆为研究对象的研究也日渐受到重视，如对儿童数字图书馆、音乐数字图书馆、医学数字图书馆的研究。为了推进数字图书馆的发展，院校对数字图书馆相关课程的设置开始进入有关学者的研究视野。

（二）网络信息资源管理研究

网络信息资源就是通过计算机网络可以利用的各种信息资源的总和。目前

网络信息资源以因特网信息资源为主，同时也包括其他没有连入因特网的信息资源。网络信息资源具有存储数字化、表现形式多样化、以网络为传播媒介、数量巨大、增长迅速、传播方式的动态性、信息源复杂等特点。网络信息资源管理的内容核心是数据库建设。虽然与发达国家相比，我国的数据库建设还不太令人满意，但是我国的网络信息资源的开发建设工作也有相当的成就。网络信息资源在我们的社会中将日益占据主导地位，网络信息资源的管理水平将直接影响到它的合理利用，只有对网络信息资源进行有效的管理，才能使网络信息环境变为有序的信息空间，实现信息资源效用的最大优化。

（三）数字资源长期保存问题研究

数字资源长期保存是图书情报机构在"订购——访问"占主流的资源建设模式下保障信息服务持续、稳固开展的长效措施。随着数字信息的激增、数字化环境的形成，广大用户日益依赖数字资源和网络化服务。数字资源长期保存日益受到重视，是一个新的复杂的问题。我国在这方面尚处于起步阶段，而在欧美一些国家和澳大利亚，数字资源长期战略保存方面的研究和应用已经取得长足进展，一些国家已经开始应用性部署，积累了大量的知识和经验。2004年7月在北京召开的"中欧数字资源长期保存国际研讨会"对于推动我国数字资源长期保存的研究和应用，具有重要意义。数字资源长期保存的关键问题是标准问题、管理问题、数字资源存储介质的选择问题、数字资源长期保存的关键技术问题、数字信息的安全问题等。数字媒介的高渗透性、高倍增性、高创新性与高带动性具有无比的能量，是促进信息资源管理与时俱进的激活剂。它不断地向信息资源管理领域提出新问题，刻不容缓地迫使我们思考与变革。数字资源长期保存就是其中的一个非常重要的问题。我们对其关键问题进行思考，目的在于了解数字资源长期保存的理论知识、预览与源文档一致下载高清无永印技术知识以及实践经验，掌握国际上大量有价值的信息及信息源，促进我国相关领域数字资源长期保存意识的提高及数字资源长期保存工作的开展。

（四）虚拟参考咨询发展现状与策略

所谓虚拟咨询服务（Virtual Reference Services，VRS）是指在数字化信息环境下，以图书馆或信息资源为基础，通过电子邮件或实时聊天的形式，向用户提供不受时间、空间限制的参考咨询服务。虚拟参考咨询服务组织形式包括实时虚拟参考咨询服务、交互虚拟参考咨询服务和合作虚拟参考咨询服务三种。虚拟参考咨询服务是未来图书馆的核心工作之一。目前美国各大学咨询专家们借用跨国公司电子商务的客户服务系统，将商业软件改进以服务于图书馆用户，它通过国际数字网络为用户在任何地点、任何时间提供专业的参考咨询服务。其最终目标是建立一个国际化的数字图书馆网络，不间断地提供全球化的参考咨询服务。相对于国外的发展，我国的虚拟参考咨询服务工作尚处于起步阶段。我国不仅已经具备了开展虚拟参考咨询服务的条件，而且有很大的发展潜力。

（五）网络信息检索研究进展

网络上大量、分布、动态的信息造成了"信息过载"，如何在传统信息检索技术的基础上开展针对网络的检索工作已经成为一项重要的研究课题。但是，繁多的网络信息检索系统和各种模糊的概念给用户的选择和研究人员的讨论带来了不便。同时，有关网络信息检索最新技术比较完整的分析又十分缺乏。网络信息检索系统作为用户层和网络信息层之间的中间层，包含了搜索引擎与目录、元搜索引擎、信息检索 Agent 等多个层次。这些系统在传统信息检索的基础上采用了针对网络特点的各种技术以提高检索效果，有些系统兼备了若干个层次的特点，并将多种技术融合起来。随着网络上用户群体、信息量的迅猛发展，现有网络信息检索系统在信息的收集、分类、可视化等方面仍缺乏良好的可扩充性，如何利用自然语言处理、数据挖掘和分布式处理等技术来提高网络信息检索的可扩充性将是网络信息检索在未来几年中的一个重要发展趋势。

四、图书情报的时代目标与意义

图书情报融合了图书馆学和情报学的广泛研究范围，不管是在图书馆本身的建设上，还是在情报信息的收集和运用上，图书情报都具有很重要的社会应用价值。随着信息技术的发展和人们方式的改变，图书情报的时代目标应在立足现代图书馆的管理和建设上，拓宽服务视野，深化服务内容，用服务社会，造福人类，更好地发挥其时代价值。

（一）为图书馆发展提供方法和理论指导

图书情报随着现代化图书馆的建设和发展，也在研究上不断适应着新的图书馆模式。在图书馆的组织管理和信息收集整理以及信息检索，阅读推广活动中，都可发挥其重要作用。图书情报中的图书馆学可以帮助图书馆在组织管理、图书馆藏资源管理、用户服务、图书馆新技术应用和发展等方面提供理论方法指导，而图书情报中的情报学以其在信息收集和分析方面的强大学科特征，给予了图书馆建设在适应新技术方面强有力的研究成果支持，以及用户服务上对用户阅读需求的精准把握和分析，更好地为用户匹配其所需要的知识信息。这都使图书情报在针对图书馆的管理建设上，能够发挥其显著作用和学科优势。

（二）为社会发展提供服务

现代社会是一个知识和信息高度流通的时代，知识和情报已成为重要的经济资源，图书情报应充分发挥其资源优势、技术优势和人才优势，为社会大众和企业提供服务。首先对图书馆的管理建设来说，可以开展使用图书馆和电子资源的检索和利用等培训，向用户提供数字化的学习资源，提供网上咨询与解答等全方位的信息服务，便于读者掌握科学的学习方法，及时获取所需的信息。其次，图书情报应为企业提供高质量的信息服务。通过为企业提供市场信息和技术资料，为企业培养情报人才，帮助企业及时了解市场的行情和前沿动态。另外帮助企业学习国家政策的指导和法律，从而使企业各项经济活动沿着正确的方向发展，促进企业发展。

（三）为特殊群体开展服务

以人为本，体现在图书情报的服务中，每一位读者都需要得到尊重、关爱和平等对待。图书馆情报学的服务对象范围不应仅局限于社会大众，还应该逐渐加深对一些特殊群体，如小学生、老年人、其他特殊人群的读者服务，服务领域要不断扩大，服务形式也要不断深化。

在以往针对读者服务的过程中，图书情报面向社会大众的信息服务居多，几乎很少关注到那些特殊群体阅读的特殊性和真正需求，在这方面可借鉴的历史经验也较少。图书情报应逐步将关注和研究视角转向对特殊群体的内心需求的研究，掌握特殊群体的基本情况，围绕他们当前的需求和潜在需要展开长期的追踪研究，从而为他们提供相应载体的学习资料。另外，可以充分利用舆论宣传工具，如电视、网络、报纸期刊等各种媒体，宣传图书阅读和特殊人群的现状的相关情报信息，呼吁全社会重视和关注特殊群体的需求。诚邀社会机构或团体加入到图书馆对特殊群体的服务中来，通过与社会机构或者团体之间建立良好的沟通基础，借助他们的力量共同为特殊群体提供图书服务。

（四）为其他学科提供服务

在现如今开放式的发展环境中，图书情报内容逐渐完善，研究领域不断拓宽，与其他学科交融关系也越来越密切。图书情报在与其他学科间的相互交叉渗透中，不断地向其他学科领域提供研究方法。除了图书馆情报学可以促进其他学科体系发展之外，随着图书情报机构服务的深化和发展，图书情报科自身不断得到发展。通过利用自身学科的研究方法，对繁多复杂的信息进行整理加工，为其他学科提供各种文献分析、数据处理、信息跟踪的方法技巧等，帮助其他学科做好科研工作，从而为其他学科的研究提供服务。

图书情报的发展对图书馆信息事业有了一个质的推进作用。图书馆在为经济、政治、文化、教育和科学研究服务上，因为有了科学的图书情报的帮助，必将使图书馆在图书管理和用户服务上发挥更重要的作用。图书情报的发展意义不在于它的本身得到了巨大的变革与发展，在于其发展是随着社会需求的发展而发展的，它的发展最大限度地满足了人们对于图书馆信息情报的多元化需要，极大地提高了社会工作效率。这也是图书情报的核心价值。

第二章　图书馆馆藏资源管理概述

　　图书馆馆藏资源的管理是图书馆管理的一个重要组成部分，也是发挥图书馆服务功能的主要知识载体，所以，对图书馆馆藏资源的管理是图书馆管理中的重中之重。随着时代发展，图书馆本身也在发生着不断变化，显著的变化就体现在馆藏资源的变化上。因为有了信息技术在图书馆事业中的广泛应用，图书馆馆藏资源的管理出现了两个不同的分支，一个是对传统纸质类型的馆藏资源的管理，另一个是对数字类型的馆藏资源的整理。一个代表着摸得着看得见的现实图书馆馆藏，另一个则是看得见却摸不着的虚拟图书馆馆藏。这样的变化是时代进步的表现，传统纸质类型的馆藏资源，让历经千年的宝贵历史典籍得以永久保存并传承下来。现代数字类型的馆藏资源，打破了人们阅读活动的时空局限性，创造了随时随地阅读和信息资源共享的新局面，也让人们在传承历史文化的同时，享受更为便捷的阅读方式。就像图书馆馆藏资源的变化一样，今天对于图书馆馆藏资源的管理我们也要需要重新认识。

　　总的来说，图书馆馆藏资源的管理是需要立足图书馆本身和管理两个方面的，不仅是针对图书馆这一大的方向的管理，也是基于图书馆馆藏资源这个分支的特殊管理。那什么是管理？我们应该怎么进行对图书馆的大方向管理，以及对图书馆馆藏资源的着重管理呢？本章，我们将就这个问题展开阐释和研究。

第一节　管理

　　图书馆管理是管理学的一个分支，即运用相关管理学的方法和理论以及管理思想实施的针对图书馆组织机构的事务管理。所以，图书馆的管理是在管理理论发展的基础上产生并发展的，在针对图书馆本身不断的管理实践中逐渐形成一个专门化的图书馆管理分支。一方面，管理理论是图书馆管理的基础和理论源泉，另一方面，图书馆的管理也为管理学本身的发展贡献了力量。

一、管理的概念

管理是指在特定的环境下，对组织所拥有的资源进行有效的计划、组织、领导和控制，以便达成既定的组织目标的过程。

"科学管理之父"弗雷德里克·温斯洛·泰勒（Frederick Winslow Taylor）认为："管理就是确切地知道你要别人干什么，并使他用最好的方法去干"（《科学管理原理》）。在泰罗看来，管理就是指挥他人能用最好的办法去工作。

诺贝尔奖获得者赫伯特·亚历山大·西蒙（Herbert Alexander Simon）对管理的定义是："管理就是制定决策"（《管理决策新科学》）。

彼得·德鲁克（Peter F.Drucker）认为："管理是一种工作，它有自己的技巧、工具和方法；管理是一种器官，是赋予组织以生命的、能动的、动态的器官；管理是一门科学，一种系统化的并到处适用的知识；同时管理也是一种文化。"（《管理——任务、责任、实线》）。

亨利·法约尔（Henri Fayol）在其名著《工业管理与一般管理》中给出管理概念之后，它就产生了整整一个世纪的影响，对西方管理理论的发展具有重大的影响力。法约尔认为：管理是所有的人类组织都有的一种活动，这种活动由五项要素组成的：计划、组织、指挥、协调和控制。法约尔对管理的看法颇受后人的推崇与肯定，形成了管理过程学派。

斯蒂芬·P·罗宾斯（Stephen P. Robbins）给管理的定义是：所谓管理，是指同别人一起，或通过别人使活动完成得更有效的过程。

管理不仅仅指工商管理，虽然在现代市场经济中工商企业的管理最为常见。除了商业管理，还有很多种类的管理，比如行政管理、经济管理、社会管理、城市管理、卫生管理等。每一种组织都需要对其事务、资源、人员进行管理。管理也可以应用到各行各业，以及各项事务的处理中，它更多的是指一种管理的思想和理论。

二、管理的基本特征

（一）管理具有科学性

管理的科学性首先是指有效的管理必须有科学的理论、方法来指导，要遵循管理的一般原则与原理，只有按照管理活动本身所蕴含的客观规律办事，管理的目标才能实现。其次，管理的科学性是指一门科学，是由一系列概念、原理、原则和方法构成的科学体系，有它内在规律可循。也就是说，在人类管理活动的长河中，人们通过总结管理实践中大量的成功经验及失败的教训，已经归纳、抽象出管理的一些基本原理、原则和方法。这些原理、原则和方法较好地揭示了一系列具有普遍应用价值的管理规律，遵循这些管理规律办事，管理活动的效率就能大大提高，组织的目标就容易实现。

（二）管理具有艺术性

管理的艺术性是指灵活运用管理理论知识的技巧和诀窍。由于管理对象的复杂性和管理环境的多变性，决定了管理活动不可能有放之四海而皆准的固定不变模式，管理者应当结合所处环境创造性地运用所掌握的管理理论知识。具体来说，管理的艺术性是由这样两个因素决定的：其一是管理的环境；其二是管理的主要对象，即人所具有的主观能动性和感情。人的主观能动性体现在人能够积极地思维，能够自主地做出行为决定，这不同于无生命的物质，另外，人是有感情的动物。感情的变化虽然有一定的规律可循，但也最琢磨不定，难以预料。不同的人对同样的管理方式、方法可能会产生截然不同的反应和行为，这决定了管理者只有根据具体的管理目的、管理环境与管理对象，创造性地运用管理理论知识与技能去解决所遇到的各种实际问题，管理才可能获得成功。

（三）管理是科学性与艺术性的统一

管理的科学性是管理艺术性的基础，管理需要科学的理论做指导，管理艺术性的发挥必然是在科学理论指导下的艺术性发挥。离开了管理的科学性，艺术性就会变成简单的感觉与经验，就不能成为真正的艺术，就很难实现有效的管理。管理的艺术性是管理科学性的升华，离开了管理的艺术性，科学性就会变成僵化的书本教条，也难以发挥其作用。因为，管理理论是对大量的管理实践活动所作的一般性的概括和抽象，具有较高的原则性，而每一项具体的管理活动都是在特定的环境和条件下展开的，具有相对的特殊性。只有创造性地灵活运用管理知识，才能将理论服务于实践。

三、管理思想和理论的产生与发展

社会进步离不开管理的推动，管理是对组织资源进行有效整合以达成组织既定目标与责任的动态创造性活动，是一种实践、一门艺术。管理思想和管理理论都是人们在实践中践行出的经验总结，虽然这些思想与理论形成学科不过一百多年，但却有强大的发展性，并早已经融入社会的各行各业，管理早已成为人类日常生活中的普遍行为。

（一）中国古代管理思想理论

我国古代的管理思想的代表有儒家、道家、法家、兵家等各流派，不管这些管理思想在政治意义上的是非评价，仅从它们在管理国家、巩固政权、统率军队、组织战争、治理经济、发展生产、安定社会来讲，这些管理思想即使是在当今的社会，也有着极其重要的指导作用。其中儒家管理思想作为我国传统文化的主流强调中庸、强调人和，是一种人本管理的思想。而道家思想的最高范畴就是"道"，"道"是天地万物变化的普遍规律，强调"无为而治"。道家管理思想既强调宏观调控，又注重微观权术，是适用于任何管理过程的原则。法家是以"法治"为核心思想，虽然这种"法治"与现代社会的法治意义完全不同，但法家强调普遍规律与特殊规律的关系，认为做事必须尊重客观规律，同时强调管理体系的完备性。兵家管理思想充满了辩证法的思想，其包含的大量战略与战术思想是现今企业管理可借鉴的管理经验和管理原则。总之，中国古代管理思想对今天的各项管理工作，特别是对市场竞争环境激烈中的企业，更具有重大的现实意义。

（二）西方古典管理理论的形成

在西方，管理学演变的过程经历了古典管理、行为科学管理和现代管理三个阶段。每种管理学派分别从自己的学科优势出发，从不同的角度、用不同的方法对管理问题进行了研究，不断发展和完善管理理论，使管理成为一门科学。

18世纪60年代后，以英国为代表的西方国家，开始了第一次产业革命，使生产力有了很大发展，随之而来的就是管理思想与管理方法和手段的创新，产生了早期管理理论的萌芽并形成古典管理理论，其中最有名的有以下几种。

19世纪末的泰罗提出了"科学管理理论"。这种理论的核心目的是提高工作的效率，其理论要点包括：时间研究和动作研究，即通过该项研究规范员工的工作活动和工作定额；员工的挑选和培训，即科学地挑选员工，对其进行专门的培训、教育，并合理安排工作岗位，使能力与工作相适应；实行标准化管理，以提高劳动生产率；坚持专业分工原则，即明确工作和责任，实行分工管理，以提高管理效率；实现劳资双方的思想革命，即管理者应真诚与员工沟通合作，以确保劳资双方都能从生产效率的提高中得到好处。

亨利·法约尔是古典"组织理论"的奠基人，由于长期从事企业的高级管理工作，因此他的研究更注重管理者的活动，着重研究企业管理的一般理论，特别是企业组织理论。他的理论思想核心内容包括：确定企业活动的类别，认为任何企业都有6种基本活动，即技术活动、商业活动、财务活动、安全活动、会计活动、管理活动；明确管理的职能，即管理具有计划、组织、指挥、协调和控制5大职能；总结了管理的14项一般管理原则，即劳动分工、职权与职责、纪律、统一指挥、统一领导、个人利益服从整体利益、报酬、集中、等级制度、秩序、公平、人员稳定、首创精神、团结。

德国社会学家马克西米利安·卡尔·埃米尔·韦伯（德语：Maximilian Karl Emil "Max" Weber）提出了"行政组织理论"，他的代表作就是《社会组织与社会经济》，其理想的行政组织体系的理论要点包括：明确的分工，即组织的成员按职业专业化进行明确分工；职权等级，即每个下级都应接受上级的控制和监督；人员的军用，即所有员工都应通过正式考试和教育训练进行任用；规章制度，即管理人员必须严格遵守组织的规章、纪律以及办事程序；管理人员专职化，即人员有固定的薪金和明文规定的升迁制度；非人格性，即规则和控制的实施具有一致性，不受个人情感的影响。

以上这些理论对管理的发展起到了很大作用，但不可否认的是，这些理论也有其局限性，如泰罗的理论忽视人的情感因素，仅把人看作是"经济人"又过分重视技术因素，忽略社会因素的影响，再者泰罗的标准化管理中的标准定得过于苛刻，而且没有解决企业作为整体的经营问题。法约尔的理论的原则缺乏弹性，以至于有时与实际管理工作脱节。

（三）西方现代管理理论

现代管理理论的演变经历了行为科学理论、管理科学理论和现代管理理论三个阶段。

行为科学理论中的代表就是乔治·埃尔顿·梅奥（George Elton Mayo）的人际关系理论。这种理论克服了泰罗的理论缺陷，改变了人们对管理的思考方法，使管理者更加意识到行为过程的重要性，也更意识到应把人看作是宝贵的资源，确定了员工是有价值的资源，并把重点放在管理实践上。但由于个人行为的复杂性所导致的对行为分析的困难，使这种理论未能很好地与管理实践相结合，在实际运用上并不广泛。

管理科学理论其实与泰罗的理论同属一脉，只不过是在它的基础上有新的发展，其中以数理理论、系统管理理论、运筹管理理论为代表。管理科学理论主要论及如何对制定和运用数学模式和程序的系统进行管理，也就是运用数学符号和公式进行计划决策和解决管理中的问题。这种理论的优势是运用复杂的管理科学技术计划、决策、组织、领导和控制，使数学模型和程序求得的决策成为解决问题的最佳方案，运用最新的信息情报系统，促进管理效率，同时也有利于了解管理职能环境的复杂性。管理科学的局限性是不能很好地解释和预见组织内成员的行为，并且由于数学模型太复杂，其功能可能影响其技能的发挥，模型有时可能不切合实际，而无法真正实现。

美国管理学家哈罗德·孔茨（Harold Koontz）将二战后的众多管理理论称为管理理论的丛林，这些理论是现代管理的理论的统称。这些学派相互补充，从不同角度，带着各自学科的特点阐明现代管理的有关问题，但它们的基本目的却是相同的。其中比较有名的学派理论有以下几类：管理过程学派，注重管理的过程和职能。行为科学学派，是在人际关系理论基础上发展而成的，在强调人的行为外，还要求进一步研究人的行为规律，找出产生不同行为的影响因素，探讨如何控制人的行为以达到预定目标。系统管理学派，着重于用系统理论来研究管理问题以追求组织整体目标的最优化。决策理论学派，其代表人物赫伯特·西蒙认为"管理是以决策为特征的，管理的本质就是决策"。管理科学学派，强调运用数学模型和计算机技术来进行管理决策，以提高经济效益。权变理论学派，认为现实中不存在一种固定的、一成不变的标准管理模式，管理者应根据实际环境的变化，选择合适的管理模式和方法。经验管理学派，也称案例学派，主张从管理者的实际经验出发去寻求管理活动的一般规律和共性的东西，并使其系统化和理论化，以此指导其他管理人员的管理工作。

（四）现代管理理论的新思潮

管理理论经过 100 多年的发展，已经形成了深厚的理论基础。到 20 世纪末，知识经济的迅速发展和组织管理的实践，使管理新思想不断涌现，各个管理学派互相渗透、融合，管理又有了向全面管理、综合管理发展的势头，这些新思想为管理理论注入了新鲜的力量。

"学习型组织"是指通过培养弥漫于整个组织的学习气氛，充分发挥员工的创造性思维能力而建立起来的一种有机的、高度柔性的、扁平化的、符合人性的、能持续发展的组织。这种理论强调组织只有主动学习，才能适应变化的环境。

"组织文化"理论，提出组织文化本质概念，认为组织文化是一个特定组织在处理外部适应和内部融合问题中所学习到的，由组织自身所发明创造并且发展起来的一些基本假定类型，这些假定类型能够发挥很好的作用，并被认为是有效的，由此被其成员所接受。

"企业再造"理论，提出了有关企业经营管理理论和方法，其新思想主要表现在强调组织流程必须采取激烈的手段，彻底改变工作方法，摆脱以往陈旧的流程框架。

"竞争战略"理论，是引发全世界有关竞争力问题讨论的理论，由迈克尔·波特（Michael E.Porter）提出。他认为，企业的管理都是在三种基本战略的基础上制定的，即成本领先战略、差异化战略、专一化战略，这些基本战略的共同目标就是确立企业在竞争中的优势。

"虚拟型组织"理论，明确提出通过建立虚拟组织、动态协作团队和知识联盟来创造财富的观点。其所谓的虚拟组织指的就是不仅把公司成员，而且把供应商、公司顾客以及顾客的顾客都看成是一个共同体，倾听他们的意见，充分调动内外各种资源。建立这种组织，要更多地依靠人员的知识和才干，而不是他们的职能。

"创新管理"理论，主要由四个部分内容构成，即 CIS 企业形象设计、信息管理、工艺创新以及企业知识管理。它是在劳动者、劳动工具和劳动对象构成的生产力要素逐渐被信息、技术和管理等智力生产要素所取代，在高技术竞争时代产生的。品牌战略、无形资产将成为企业制胜的关键，信息资源的占有量将重新区分发达国家和后进国家，企业也将由此形成不同的竞争力度，因此所有国家和企业都必须根据市场需求调整自己的战略目标。

四、管理思想和理论对我国图书馆管理的影响

图书馆管理是在管理学和图书馆学的基础进行的，所以在图书馆管理中必然要在立足图书馆学的专业基础上借鉴、吸收管理学理论的最新成果，以丰富现代图书馆管理理论，指导图书馆的管理实践，而在众多中、西方管理理论中能对图书馆管理起到有利影响的理论主要有以下几种。

（一）"创新管理"理论与图书馆管理

创新是未来管理的主旋律，作为人类社会持续发展下去的不竭动力，创新是指以新思维、新发明和新描述为特征的一种概念化过程。根据这一定义管理创新至少包括五个方面的内容：提出一种新的经营思路并加以有效实施；创设一个新组织机构并使之有效地运转；提出一个新的管理方式、方法；设计一种新的管理模式和进行一项制度创新。知识经济时代，面对科学技术日新月异，知识量、信息量剧增和市场剧变，谁能感觉敏捷抓住时机，谁就会在竞争中获得胜利。

以往图书馆的管理制度和管理模式的设计，常常以规范人的行为、使人不犯错误为出发点，有着过多的管制和约束，这种过细过严的规则，通常会抑制了创新精神的发展。而管理上的创新能使图书馆打破常规，改革管理工作流程，大大提高管理效率。能使图书馆以敏锐的观察力，密切关注未来变化的新趋势、新动向、新问题，从而能以超前的意识果敢决策，适应未来发展的要求。此外，创新管理表现在图书馆管理中就是还要树立创新意识，发扬创新精神，在创新中寻找出路，在创新中寻发展，把创新渗透于图书馆的整个管理过程之中。要充分发挥现代信息技术和管理技术的优势，以促进图书馆管理创新为着眼点，更新图书馆管理理念，引进先进的管理理论，实现图书馆的技术创新、人员创新和服务创新，从而通过改革创新，建立起一套崭新的管理运行机制，以适应

社会发展的需要。

（二）"组织文化"理论与图书馆管理

管理从他律到自律，起主导作用的是一种文化认同，文化力量在组织的潜移默化是至关重要的，被推崇为现代管理的最高境界。文化可以从根本上影响着图书馆管理的出发点和方向。广义上的图书馆文化指的是基于图书馆及图书馆事业的文化内涵与文化现象之和；狭义而言则是指在图书馆核心价值体系基础上形成的，具有延续性的、共同的认知系统。这种认知系统表现为馆员的群体意识形态，它能使馆员之间达成共识，形成心理契约。因此，图书馆管理中应注重文化的建设。树立积极向上的图书馆文化，有利于营造图书馆良好的社会形象，争取更多来自外部环境的有力支持；有利于引导馆员形成正确的职业观，将自身行为与图书馆的整体目标协调起来；有利于确定图书馆的办馆宗旨、服务方针、发展方向，并渗透到图书馆活动的方方面面。

（三）"人本管理""能本管理"理论与图书馆管理

"以人为本"的管理思想在历史上早已存在，中国古代的儒家思想体系就是"人本管理"的代表。在西方，从古希腊的雅典民主政治到现代管理理论思想，都有"以人为本"管理思想的体现。但从古到今，人们所重视的都是带有强制色彩的管理制度。这种管理依托于权力和强制，不重视人的真实感受和需要，强调遵守与服从。不过，20世纪中叶以来，人们逐渐认识到管理中人的因素的重要性，正式提出了"以人为本"的管理理念。目前，"人本管理"是世界上最为推崇的管理方法之一，被广泛应用于现代企业，是现代管理学的建设中的重要理论。它强调的是以人的全面发展为准则，实施以人为中心的管理，其核心思想是尊重关爱人、理解信任人、完善发展人。

对于图书馆管理来讲，"人本管理"的核心就是把馆员作为最重要的资源，使其作为管理的主体。围绕如何利用和开发馆员服务于组织内外的利益相关者，从而实现图书馆目标和馆员个人目标。实施"人本管理"，就是要通过科学、有效的方法，发扬馆员的优点，规避馆员的弱点，提供能发挥馆员的潜能、智慧和创造力的环境，使馆员在创造社会财富、实现效益的同时，不断发展自我，实现自身的价值。"人本管理"属于柔性管理的范畴，其职能侧重于疏导、教化与激励，其特点是用柔性手段进行调节与控制，用非强制性的一套方法去影响、感应馆员的心理和行为，从而调动和激发他们的积极性、创造性，凝聚实现组织目标的群体意志和力量。有专家认为，在图书馆服务所发挥的作用中，图书馆的建筑物占 5%，信息资源占 20%，而图书馆员占 75%。因此，图书馆事业要想充满生机与活力，建设一支高素质的馆员队伍是必须的。只有通过"人本管理"才能全面开发馆员的潜力，充分发挥其才智。因此，图书馆管理的"人本管理"，首先要尊重馆员，这里的尊重不仅包括尊重馆员的人格和表达意见以及个人发展意愿的权利，还要尊重馆员的能力，尊重馆员的价值和劳动；其次图书馆要充分认可每个馆员在图书馆的贡献，客观地评价馆员的业绩；最后要允许馆员选择适合自己的岗位，以便提供发挥其潜能的机会。

所谓"能本管理"，就是指以能力作为本位的管理理念，它是相对于"物本管理"和"人本管理"而言的，它源于"人本管理"，又高于"人本管理"，是更高阶段、更高层次和更高意义上的"人本管理"，是"人本管理"的升华。"能本管理"在图书馆管理的运用就是通过有效的方法，以期最大限度地发挥人的能力，从而实现能力价值的最大化，把能力这种最重要的资源转变为图书馆发展的推动力量，实现图书馆发展的目标和创新。目前，有些图书馆也在管理中尝试量化管理，但图书馆工作的性质决定了其部分岗位是很难用量化的方式来考核工作绩效的，而"能本管理"这种强调充分发挥个人的能力的管理，为图书馆管理提供了一条新的思路。在图书馆管理中引进"能本管理"理论，可以为图书馆建立各尽所能的运行管理机制提供理论支持。而在实际工作中使管理者能善于及时地发现馆员的潜能，做到人尽其才，才尽其用。把有能力的、有干劲的人放到重要位置上去，从而营造一个有利馆员良性竞争的环境，有效地调动馆员的工作积极性和能动性。

（四）"学习型组织"理论与图书馆管理

"学习型组织"作为 20 世纪 90 年代以来发展起来的一种全新的管理理论，是建立在系统动力学的基础上的。它的研究最早可追溯到 20 世纪 60 年代。其代表人物就是美国麻省理工学院教授，著名的管理学家彼得·圣吉（Peter M. Senge）。在他的代表作《第五项修炼——学习型组织的艺术与实务》一书中圣吉教授认为"学习型组织"是以五项修炼为基础的，这五项修炼内容是：自我超越、改善心智模式、建立共同愿望、团体学习、系统思考。它的本质就是要努力并善于组织全体成员进行不断的学习。学习型组织理论的问世引起了管理学界和企业家的广泛关注，并在企业实践中取得了良好效果。作为管理理论中的新思想，它融合了当代终身教育思想，把学习作为组织的生命源泉，是当今最前沿的管理理论，建立学习型组织成了 21 世纪管理发展的新趋势。学习型组织本身是一种宏观的管理理论，其适用的范围非常广泛。它不仅可以用于企业管理，也适用于国家、城市、学校及一切"组织"的管理，并且在多个领域取得了成功的先例。

　　"学习型组织"理论同样可以适用于图书馆管理，美国的亚利桑那大学图书馆和伊利诺伊州的北部郊区图书馆系统就是依据该理论构建的"学习型图书馆"。这种理论应用在图书馆管理的优势主要通过其五项修炼来实现的，具体包括以下几点。

　　"自我超越"通过强调馆员对自身的认识，来适应外界的变化，不断地给自己树立新的奋斗目标。工作中注意集中精力、培养耐心以达到精益求精，并客观地观察现实，永远努力发展自我，超越自我。

　　"改善心智模式"要求馆员要善于改变传统的认识问题的方式和方法，要用新的眼光看外部环境，同时注意内部环境的变化，以改变自己的思维定式，从而适应环境的需要。

　　"建立共同远景"，把图书馆建设成为一个生命共同体，包括远景（图书馆将来要实现的蓝图）、价值观（实现蓝图应该遵循的基本原则）、目的和使命（图书馆存在的根由）、目标（短期内达到的目的）。

　　"团体学习"可以使全体馆员学会集体思考，以激发群体的智慧。开展团队学习后，馆员之间可以理解彼此的感觉和想法，因此凭借彼此沟通产生的一致性，可以提高综合效率。

　　"系统思考"，是通过树立系统观念，运用完整的知识体系和实用的工具，认清整个图书馆赖以存在的内外环境，并了解如何有效地掌握变化，以开创新的工作局面。

　　总之，"学习型组织"理论应用于图书馆管理可以增强图书馆馆员的整体意识，培养馆员之间的协同工作精神，促进图书馆内部的交流与合作，促进知识的共享，树立图书馆的学习风气，提升图书馆全体馆员的知识学习能力。同时，建立终身学习机制是符合图书馆工作实际需要的，可以解决图书馆馆员学习与工作之间的矛盾。此外，"学习型组织"理论应用于图书馆管理中，还有助于实现图书馆的知识管理，对适应科学技术、信息发展对图书馆的影响具有十分重要的意义。

第二节　图书馆管理

图书馆管理是人类现代管理活动的重要组成部分。作为一门新兴的交叉学科，图书馆管理是现代管理学理论与当代图书馆管理实践有机结合的产物。与传统的图书馆管理相比，图书馆管理已经显现出许多新的内容与特点。

一、图书馆管理的概念

对于图书馆管理的定义，不同的研究者在不同的时间、不同的背景下，存在着不同的认识。所有这些不同，或者是出于不同的观察与认识角度，或者是理论选择与使用的不同。归纳起来，近年来人们对有关图书馆管理定义的阐述主要有以下几种。

国家教委高教司《图书馆管理学教学大纲》："图书馆管理是指以图书馆发展的客观规律为依据，遵循管理工作的内容与程序，建立优化的管理系统、合理配置和利用图书馆资源，实现其社会职能的控制过程。"

潘寅生《图书馆管理工作》："图书馆管理是遵循图书馆工作的客观规律，通过计划、组织、协调、指挥等手段，合理配置和使用图书馆资源，以达到预期目标，满足读者知识信息需求的一种活动。"

谭祥金《图书馆管理综论》："图书馆管理是图书馆通过专门的机构和人员，合理配置和使用图书馆资源，达到预期目标的过程。"

刘喜申《图书馆管理》："图书馆管理，是指图书馆的管理者，通过实施决策、组织、领导、控制和创新等职能来协调工作人员的行为，以达到图书馆预期目标的活动过程。"

吴慰慈《图书馆学概论（修订本）》："图书馆管理是对图书馆的文献信息、人力、财金、物质资源，通过计划和决策、组织、领导、控制、协调等一系列过程，来有效地达成图书馆的目标的活动。"

以上几种说法都各有其合理性，对图书馆管理这一概念的认识，体现了对图书馆管理工作的重视。从以上内容，结合时代发展的变化，我们可以得出，图书馆管理就是全面运用现代管理理论，对图书馆的各项工作进行有计划、组织、协调和控制的指导活动。目的在于合理开发书刊资源，提高图书馆的工作效益，最大限度地满足读者需要，以提升整个图书馆管理水平。

二、图书馆管理的特点

图书馆管理是一种存在于社会中的特殊的实践活动，是人类在进行文献信息资源的搜集、整理、储藏、利用过程中形成的管理活动。因此，图书馆管理除了具有一般社会实践活动的如客观性、能动性和社会历史性等共性特征外，还具有自己特有的特点。

（一）综合性

管理是以研究企事业单位中人的活动规律，用科学的方法改进管理工作，充分调动人的积极性的一种行为。它主要是以人为中心的各种管理行为为对象，发现活动规律，并通过合理地组织和配置人、财、物等因素，提高企事业单位中的工作效率，调动人的积极性最终达到提高生产力的水平的目的。图书馆服务工作的主体是读者，以读者为中心，维护图书馆服务工作的正常运行和发展进步，图书馆的管理者无非是要解决好人与环境、人与人之间的各种关系问题。所以说，图书馆管理实质上是围绕管理和服务进行的，是多种综合的结果。

（二）理论性

图书馆管理是一项特殊的管理活动。在管理的实际运行中，可以借鉴多种基础理论的研究成果，如管理学、图书馆学、情报学、经济学、心理学等一系列学科。这些学科的某些优秀成果与图书馆管理相结合，并具体运用到管理的实际运行中去，使图书馆的管理以深厚的理论为基础，以便能更好地推动图书馆事业的发展，提高图书馆在人类社会进步中的地位和作用。

（三）科学性

图书馆管理是一项具有科学性的活动，从图书馆产生之初，人类就知道采用一些方法以便更方便地查找文献信息。因此，在图书馆管理的过程中，人们发现了很多的方法管理和利用文献信息资源，这些方法逐渐形成了图书馆管理工作的规定，有些甚至上升成标准和法律。

（四）组织性

随着图书馆事业的发展，图书馆已经逐渐形成了规模化，图书馆管理活动也复杂起来。管理活动中涉及的各种资源也越来越多，人力、物力、财力、文献信息等因素交织起来影响着图书馆的管理活动运行。对这些资源的管理的好坏直接影响着图书馆的正常运行，所以在图书馆管理中要有计划、有目的地去进行管理，图书馆管理是一项系统的、有组织地管理活动。

（五）动态性

管理活动的本身就是要在不断变化的环境中进行。为了应对不同的读者需求图书馆管理要变化，为了文献信息的形式改变管理要变化，为了随时改变的社会环境管理活动也要变化。所以，图书馆管理是一项要随着服务对象、工作环境和社会环境等因素变动而进行改变的活动。只有跟上时代的变化，随时适应影响图书馆发展的各项因素，才能使图书馆符合社会发展的需求，不被时代所遗弃。

（六）协调性

图书馆管理涉及图书馆各项业务活动和行政管理活动等方方面面具体的活动。这些具体活动直接影响着图书馆管理能否正确、正常和有序地进行。图书馆管理就是要使这些具有关联性的各种业务活动和行政管理活动中的人际关系、利益关系处于一种和谐、平衡的状态，消除管理活动中的各项不利因素，从而减少内耗、降低摩擦，发挥组织的协同作用，使图书馆有限的人力资源、信息资源发挥出最大的效用。

三、图书馆管理的职能

（一）决策职能

决策是行动的先导，是最重要的管理职能。一般说来，这项职能是图书馆领导机关的主要功能。当然，为了在图书馆管理的过程中最大限度和最有效地发挥决策职能，还应该实现管理决策的科学化、民主化，还必须建立健全民主决策制度，注重信息的公开化。因为决策不仅仅是方案的一次性选择，实际上行政决策贯穿于图书馆管理过程的始终，管理的其他各项职能都离不开决策活动，整个管理实际上是一系列决策的总汇。可以说，管理就是决策。

（二）计划职能

计划职能是指图书馆各个部门为了实现既定的行政决策目标，对整体目标进行科学分解和测算，并筹划必要的人力、物力，拟定具体实施的步骤、方法以及相应的政策、策略等一系列管理活动。具体包括计划的制定、计划的执行和计划的检查监督等环节。其目的是使图书馆的各项工作能够有计划、有步骤、有方法地进行，以杜绝领导工作的随意性，避免对图书馆管理的消极影响。

（三）组织职能

图书馆管理组织职能的目标就是具体落实和实现决策和计划，是实现管理目标和管理效能的关键性职能。组织职能具体包括对图书馆各种工作机构的设置、调整和有效运转；各机构职权的合理划分；对全馆工作人员的选拔、调配、培训和考核；对资金、固定资产和其他物品的安排和有效利用；对执行活动中的各项具体工作进行的督促、检查和指导等。

（四）协调职能

图书馆管理中的协调职能，是指对图书馆行政部门、业务部门以及全体工作人员之间的各种工作关系进行调整和改善，使它们按照分工协作的原则，互相支持、密切配合，步调一致，共同完成本馆内预定的任务和工作。现代图书馆管理，是专业化协作的管理，没有协调要达到共同目标是不可能的。因此，协调是管理运行过程中的一项职能，具体内容包括：协调行政管理机构之间，业务管理机构之间，行政管理和业务管理机构之间，工作人员之间、工作人员与行政管理部门、业务管理部门之间，与本单位之外的政府、企事业和其他组织之间的关系。

（五）控制职能

控制职能是指管理按照行政计划标准，衡量计划完成情况并纠正计划执行中的偏差，以确保计划目标的实现。图书馆管理的控制职能贯穿于行政管理的各个方面和全过程。做好控制职能一般要注意以下几个方面：第一，确立控制标准，使各项工作有可衡量的指标，以采取正确的纠正措施。第二，对管理行为的偏差进行检查和预测，对图书馆管理工作的实际结果与质量标准监测，获取管理工作的偏差信息，为下一步采取控制措施提供依据。第三，采取相关措施对图书馆管理工作的行为和过程进行调节。即判断管理行为偏差的性质和层次，确定偏差的程度和范围，找出产生的全部原因，制定相应具体的纠正措施。第四，实行有效的监督。即根据行政目标、计划和控制标准，监察、督导行政过程的正常发展和行政系统的有序运转。

总之，图书馆管理的职能是图书馆各个机构设置和改革的重要依据，也是管理运行的必需环节，科学地认识、确定管理各方面、各阶段的职能和保持它们之间的有机的联系，并适应环境和形势的变化及时地转变职能，对有效地进行图书馆管理，具有十分重要的意义。

四、现代的图书馆管理实践

第一，重视现代化手段的运用与网络服务

随着科技文化的发展，出版物的数量急剧增加，导致图书馆馆藏激增。据美国著名图书馆学家、缩微卡片的发明者弗里蒙特·赖德（Fremont Ryder）统计，自 1876 年起，每隔 10～20 年图书馆馆藏就会翻一番。在大量的图书资料面前，图书馆的传统工作受到很大的冲击。

读者越来越强烈地要求入藏的图书资料能迅速得到处理、报道和提供，这就促进了现代信息处理技术在图书馆各领域中的广泛应用。图书馆在采购、编目、检索、出借等工作环节中逐渐放弃了传统的工作方法，采用机械化、自动化等手段。美国国会图书馆为了对庞大的馆藏进行高效率的书目管理，从 20 世纪 60 年代中期起，开发了计算机可以阅读的编目格式（MARC），并向国内外发行。根据这种格式，计算机可以自动输出以磁带形式记录的编目数据，可以很容易地打印出用于手工检索的编目卡片。在图书馆界研制 MARC 的同时，计算机技术被广泛应用于处理二次文献，到 20 世纪 70 年代初，大型的商业化二次文献数据库已相当普遍，很多图书馆都开始向用户提供这种数据库的检索服务。随着计算机技术的发展，光盘技术、联机目录、集成化的图书馆管理系统等新技术在图书馆领域得到广泛应用，彻底改变了图书馆的传统形态。如新加坡公共图书馆从 2000 年开始普遍实行了读者自助服务，所有图书馆均有自动借还设施。无论是借书、还书、预约、查询（已借、未还、逾期）、逾期费支付等均十分简单。这种全自助式的现代化手段的运用不仅培养了市民的信息素养，也使读者通过各类自助设施掌握了利用图书馆的方法。

第二，图书馆管理中更加关注读者、方便读者，注重服务和人文关怀成了图书馆界的共识。

苏联 1959 年通过了《关于改善图书馆事业的状况和措施》的决议，这个决议指出，图书馆的任务在于"力求使图书馆真正变成政治的、全民教育的、科技的、农业的和其他职业的各方面知识的群众性宣传的实际中心"。苏联图书馆根据读者的不同兴趣、不同年龄和不同职业，经常组织不同形式的读者座谈会，为读者制订个人阅读计划，帮助读者挑选图书，及时把读者感兴趣的新书推荐给他们，广泛采用开架制，举办图书展览、文艺晚会和讨论会，组织读者同作者见面，送书上门等活动。

美国国会于 1956 年通过了"图书馆服务法"，该法适用于各种类型图书馆，并要求将公共图书馆服务扩大到乡村地区。美国的公共图书馆服务范围已扩大到残疾人、少数民族、退休中心、地段医院、监狱等处，甚至还在超级市场开设分馆。出借的内容十分丰富，除了图书之外，也出借音乐资料、录音磁带、电影录像、名画摹本等。出借方式则普遍采用开架式，使读者能直接接触大部分馆藏。

19 世纪末 20 世纪初，美国几乎全部大型公共图书馆都发展了单独的参考咨询工作，并建立了独立的参考咨询部。参考咨询部工作大约有三个方面：一是教会读者如何利用图书馆，如何发现和使用图书资料；二是在读者寻找资料的过程中给予指导，帮助读者查询所需要的特定资料；三是把读者寻找的图书资料直接提供给读者。

西方许多公共图书馆实行无证或免费进入图书馆，进行文献资源的使用。柏林中央暨州立图书馆为了保证每个人有得到信息的自由，规定读者到图书馆来使用图书馆的设施是用不着办理证件或付费的。这包括图书馆内所有开放、可以让人自由进出的部分，保证了图书馆的公益性和信息获取的公平性。

图书馆注重工作细节，处处体现人性化服务。在韩国，读者能在宽松的环境中充分获得和利用文献资源服务，提供文献服务的馆员能在充满人性化的氛围中提供优质的服务。以图书整理为例：将图书分为 10 大类型，书标上方分成十种颜色，用不同的颜色来区分不同的图书种类；书标的下方再用不同的颜色区分小类，用颜色区分到二级类目。读者在前台检索文献机读目录，记录文献的分类号，直接到相应的书位提取即可。这样大大提高了读者获取文献的效率，相应提高了馆藏资源的利用率。

第三，图书馆之间加强合作、协作采购、馆际互借，构建图书馆网络。

从 20 世纪初到 20 世纪中叶，很多图书馆都开展了以编制联合目录、馆际互借为内容的合作，有些图书馆还开展了联合采购。

德国早在 19 世纪下半叶就提出了图书采购的分工和协作问题。第二次世界大战以前，在馆藏建设的分工、协调方面，德国图书馆走在世界前列。第二次世界大战后，前联邦德国于 1949 年恢复了德国学术援助协会的活动，1951 年更名为德国学术促进会，学术促进会设有图书馆委员会，1949 年制订了全国的图书采购协调计划，把外国图书资料的收集按 28 个大类、105 个小类分配给各图书馆。前民主德国的采购协调叫作"采购重点"计划，它也是为收集外国资料而进行的协作，参加的馆共有 71 所，都是科学研究图书馆。收集的专题有 14 大类，再细分为 140 小类，包括自然科学、科技、经济、政治和文化等各领域。

美国研究图书馆协会在 1942 年发起著名的外国出版物联合采购的"法明顿计划"，由一批图书馆按学科分别承担采购任务，后改为按地区承担，大约有 60 所科学研究图书馆参加这个计划。刚开始采购对象只限于法国、瑞典和瑞士三国，之后范围扩及全世界约 150 个国家。法明顿计划保证外国的有用图书至少有一本能够进入美国的某一所科学研究图书馆，并及时登入国会图书馆的联合目录中，以供馆际互借与照相复制。该计划运行 30 余年，后来由于经费和协调上的困难，于 1972 年停止。

美国国会图书馆发起的"全国采购编目计划"，目的是以最快的速度收集外国出版物，及时进行编目，迅速传播书目资料，以便通过全国统一的计划来满足国会图书馆和其他图书馆的需要。为了执行这个计划，国会图书馆在英、法、德等国建立了采购编目中心，在这些国家的国家图书馆协助下，采购有学术价值的外国出版物，并就地按英、美编目条例进行编目。

20世纪60年代，计算机开始应用于图书馆，为图书馆合作提供了新的契机，其中最有影响的合作组织是成立于1967年的联机图书馆中心（OCLC）。该中心由俄亥俄州各大学图书馆联合筹建，与国内外数万个图书馆、情报中心、计算机终端连接，加上它拥有世界上内容最为丰富的图书馆书目记录以及相关资料，因而成为一个规模宏大的信息交流中心。

德国的科学研究图书馆在馆际互借方面有着悠久的历史。早在1853年，普鲁士皇家图书馆就为不同类型的图书馆之间的合作采取过措施。1893年，正式制定了该馆同普鲁士各大学图书馆的馆际互借规则。1905年，该馆成立了德国图书馆参考咨询部，1924年制定出全德范围馆际互借规则，并在1931加以修订。第二次世界大战后，前民主德国在1949年制定了临时的馆际互借规则，1955年发布了正式的规则，1965年又加以修订，把互借范围扩大到全国所有图书馆。前联邦德国也在1951年制定了德国图书馆馆际互借规则，1966年修订，将全国划分为7个馆际互借区。

英国的馆际互借的中心是国家中央图书馆。第二次世界大战后，英国图书馆的互借工作有了很大的发展。1973年，国家中央图书馆同1961年成立的"国家科技文献外借图书馆"合并成为"不列颠图书馆外借部"，该外借部是全国的馆际互借中心。美国的馆际互借是继德国、英国之后发展起来的，1917年美国图书馆协会制定了馆际互借规则，1968年修订。美国的互借工作开展得比较广泛，仅在高等院校之间，据估计每年就办理百万册次以上，州内和地域内图书馆网的建立，使不同类型图书馆之间的互借工作得以进一步开展。

国际图书馆协会联合会对图书的国际互借十分关心，早在1936年就制定了国际互借规则。这一规则要求国际互借的图书免收关税并付低率邮资，它还制定了各国都能接受的统一的借书格式，免去了繁琐的手续。这一规则对推动国际的图书互借起到了促进作用，世界上许多国家都以法律形式保证按照国际图联所制定的规则办理图书国际互借。

新世纪计算机、网络、通信技术的快速发展，使得图书馆网络发挥了更加有效的作用。例如美国、加拿大等国合作实现北美地区的资源共享。其主要包括以下几个方面：馆际互借与全文传递、共享流通系统、资源建设合作、联合编目、专门技术等。资源共享的目标是所有的图书馆、所有的读者、无论是亲自或是远程都可以方便地利用资源。在北美地区，主要通过 OCLC/WorldCat 实现书目共享，采用 IL-Liad 实现 ILL 管理系统的共享口。在伊州通过 ILLINET Online 实现 65 个成员馆之间的馆藏资源共享，资源共享收到了明显的效果。

第四，现代管理学理论在图书馆中的应用。

早在 1930 年，唐纳·孔尼（Donald Coney）就建议将科学管理的观念与方法运用到大学图书馆的组织与行政上。随着图书馆的规模日趋庞大和复杂，现代管理学理论日渐成熟，管理学理论不断被运用到图书馆中。著名美籍华裔图书馆学家李华伟在《现代化图书馆管理》一书中总结道："现代管理学在美国图书馆的应用比较受重视的有三个方面：图书馆结构的观点，图书馆人际关系的观点，图书馆政治运用的观点。"结构的观点是强调组织的重要性，视组织为有理性的系统，它假设图书馆与其他组织一样，设立和存在是为了要达到某种预定的目的；组织结构及其内部程序受制于它的目的、规模、技术和环境；组织的行为基本上是理性的。人际关系的观点是在某种程度上相信组织是理性的，但认为组织与员工的需要只有一致才能和谐互惠；组织中员工能较大地影响组织的目的、目标和程序；员工要依赖组织来满足个人需要和获得生活的意义；假如个人的需要能符合组织的需要，不但个人感到满足，组织的目的也能实现。政治运用的观点是重视以协调方式来处理组织内部的冲突现象，并能在分配有限资源时考虑到权力影响的因素；一个组织内最重要的决策是如何分配有限的资源；一个机构的决策是各种内部协调的结果；在一个组织内，各位员工和各单位都有不同的价值观念和对现实的看法；机构的目的是多重的，决定机构的目的要经过不断地协商和谈判。

第五，建立科学用人机制，实行馆员资格认证制度，法定馆员社会地位，高度重视图书馆人力资源管理。

美国图书馆所有的工作人员都是聘用制，机构与个人之间是契约管理。各层次工作人员按职位说明书确定职责，向社会公开招聘，按相应的职位薪酬签订合同，工作人员社会保险完善，保持社会人的身份。合同书已明确工作人员的岗位职责、薪酬，人员能进能出、能上能下。公共图书馆的工作人员的职责、薪酬等级、岗位设置等均由图书馆委员会认可后确定。韩国早在 1963 年就颁布了《图书馆法》，图书馆管理专业与资格认证制度得到了法律保障，并将馆员的社会地位以法律形式予以确认，实行公务员制度管理，具有馆员资格证书是从事国家或地方自治团体经营的图书馆工作的基本条件，在获得了图书馆馆员资格同时被纳入对等的公务级别，享有较高的社会地位和经济待遇，从而使图书馆有一支稳定的、较高素质的专业队伍。图书馆的人力资源管理高度重视馆员的培训教育工作，例如英国大学图书馆培训形成馆内—大学—国家三级培训格局。

①馆内培训。图书馆自身有专门的部门负责职工的培训，一般与实际工作紧密结合，注重亟待解决的重大问题和职工感兴趣的问题。以牛津大学为例，培训内容包括：年度学术讲座，包括总馆、分馆的所有职工；重视对新职工和实习人员的培训工作；建立职工图书馆；配合牛津大学图书馆服务系统管理，实施对所有馆职工的 A 级培训计划。

②学校培训。学校设有专门的培训委员会。教职工培训一般分为三期。培训方式和类型多种多样：有本校办班，也有外校办班；有业余学习，也有短期脱产学习；有白天的课程，也有晚上的课程；还有免费的计算机培训。

③国家培训。国家级的培训主要由全国图书馆协会（CILIP）负责，它不仅对馆员资格具有皇家特许认证权，重要的是它有一系列培训课程和专业指导。如前图书馆协会的 CPD 计划，即馆员继续教育计划，现已转到 CILIP 培训中。

悉尼大学图书馆也建立了系统的员工发展培训机制。图书馆设立了员工培训发展委员会和专职的员工培训发展协调官，有计划、有目的地组织员工的培训和继续教育工作，员工培训发展委员会和专职的员工培训发展协调官在分析上一年度的培训计划实施情况和培训需求的基础上，结合图书馆业务和员工需要，制订出本年度员工培训计划和相应的培训课程，并利用图书馆内部网站上的图书馆员工发展和培训园地，多种方式组织员工学习。培训机制的建立，既满足了员工自身发展及图书馆人才队伍建设的需求，使图书馆各项业务的开展更显活力，也为员工创造了良好的学习氛围，提高了员工学习的积极性。

第六，图书馆依据法律法规运行，建立质量监督和评估机制进行科学管理。

图书馆法是国家对图书馆各种规范的总和，是国家意志的体现，是管理图书馆的依据和指导方向。美国的图书馆法比较完备，它们对图书馆事业的发展起了很大的推动作用。1956 年颁布的《图书馆服务法》是第一个国家级图书馆法，涵盖了公共图书馆、中小学图书馆、大学图书馆、研究图书馆、专业图书馆。1964 年又颁布了《图书馆技术和服务法》（原为《图书馆服务与建筑法》），该法案向美国各州提供图书馆基金，资助图书馆项目研究，同时提出图书馆服务的要求。此外，《医学图书馆资助法》《初等和中等教育法》《高等教育法》等法律、法案都有对专门图书馆的司法规定。各州、各大城市也有相应的图书馆法案，不同层次的法案保障了图书馆服务的发展，也确保了美国图书馆建设的公平性、科学性和合理性。

图书馆法还规定了公立大学、公共服务机构等接受政府拨款的单位内设的图书馆对社会公众开放，极大地提高了文献保障程度。美国的公共图书馆体系是和美国社会的财税制度相一致的，图书馆的经费主要来源于服务区内的居民税收。地方政府的税收中一般规定 3% ~ 6% 用于公共图书馆建设，并在相应的图书馆法案中加以确定。通过立法，可以确立图书馆的社会地位和功能；获得与社会经济发展相适应的财政支持；取得在图书馆建筑和扩建、版权（包括电子版权）、邮政和电信、筹措社会捐助、成立支持团体等一系列的政策优惠。同时，图书馆法也对图书馆服务（社会义务）做出严格的要求和规定，对图书馆的业务发展提出规范；图书馆法对读者行为也有一些规定性要求。

质量监督与评估机制也是图书馆科学管理一项重要内容。英国政府通过"拨款、立法、评估"为主的"三位一体"的质量监督与评估机制，保障了英国大学图书馆的发展。政府拨款目前仍是英国高校资金的主要来源。为了保证竞争的公平性，英国政府将要划拨的经费分为两部分：核心 + 边际。在划拨经费的参考坐标中，图书馆的状况如何是个重要参数："一所大学的特点和效率可以用其中心机构———图书馆的状况来衡量"。这个"状况"包括两个方面：一是图书馆对教学与科研的服务水平，二是图书经费开支在大学总支出中的比例。因此，图书馆在英国大学中的地位十分显要，图书经费的开支比例较高。比如，牛津大学图书经费曾占大学总支出的 9.9%，剑桥大学也达到 7.5% 的高比例。

五、图书馆管理的发展

（一）坚持理论先行

理论性是图书馆管理的一个重要特点，在传统的图书馆管理实践中，轻视理论是图书馆界的通病。轻视理论，不学习、不研究、不借鉴，其直接后果是目光狭窄，观念落后，管理水平低下。一种实践活动，如果没有先进的理论做指导，其结果必然是盲目的。显然，图书馆管理作为一门科学，其理论性就一定要得到重视和体现。

（二）时刻保持前瞻性

图书馆管理要想发展，就必须紧紧关注、追踪现代管理理论的发展，不断探索和研究将新理论移植到图书馆管理之中，以切实提高当今图书馆的管理水平。但需要注意的是，这种关注、追踪、移植，如果仅仅限于名词术语的层面，则不仅无益，反而容易扰乱思想。

（三）坚持不断地实践和探索

图书馆管理需要与紧跟时代步伐，在坚持国情和国民的特点上，掌握先进管理理论，进行切实的实践探索。把一些价值和可操作的管理方法将其借鉴、移植、导入到图书馆管理之中，从实践的效果中，找到真正适合我国图书馆发展的管理方法。这个实践的过程是长期性的，是需要反复实践的，对于新管理思想的引入，新的管理技术的采用，以及新的组织方式的构架，这些都是可以促进图书馆的发展的。

第三节　图书馆馆藏资源管理

一、图书馆馆藏资源的含义

图书馆馆藏资源是指图书馆收集的各种类型文献资料的总和，简称馆藏或藏书。它是图书馆赖以存在的物质基础，也是满足读者需求的根本保证。图书馆馆藏是与一定时期的文献生产和使用方式紧密联系的。现代图书馆收藏的文献资料包括图书、期刊、政府出版物、小册子、学位论文、报告、照片、电影片、幻灯片、唱片、录音磁带、美术作品、缩微文献、计算机可读资料等。

图书馆馆藏资源是不同学科、不同文献类型、不同文种、不同深度（完备程度）和一定数量的文献组成的具有特定功能的整体各类型文献资料。它们以不同的方式和载体记录了人类所积累和创造的知识信息，每个图书馆都为满足其读者对特定知识的需求或为实现特定目标来选择、收集和积累文献资料。因此，一个图书馆的馆藏并不是各类型资料的随意堆积，而是经过精心选择和组织的具有特定功能的知识体系。

图书馆收藏文献的历史可以追溯到很久远的时期。中国历史上官府藏书和私人藏书为近现代图书馆藏书奠定了基础。西方近现代图书馆的早期藏书也多是个人和团体慷慨捐赠的结果。现代图书馆增加馆藏的途径包括购买、接受赠送、交换、复制、接受呈缴本、征集等。21 世纪以来文献的增长速度加快以及读者对文献需求的增长，图书馆馆藏也以前所未有的速度增长。当代图书馆每年文献入藏量和馆藏总量都是历史上的图书馆所无法比拟的。

二、不同类型的图书馆馆藏资源特点

公共图书馆的馆藏多数突出综合性和通用性，并注意基础学科与边缘学科文献的收藏，此外还往往呈现一定的地方特色，对本地出版物及有关本地的文献收集较为齐全。

高等学校图书馆馆藏的特点在于其明确的教育性、专业性和学术性。

专门图书馆的馆藏是由所属机构的特殊需要决定的，多为专业性和研究性，在一定领域内收集多语种、多类型资料，有的侧重于收集最新资料（如科学技术图书馆），而有的则兼收回溯资料（过去某时间之前出版的资料）。

近年来，随着区域化城镇化的建设，越来越多的图书馆馆藏突出了具有地方性的特色馆藏资源建设，这对于图书馆馆藏资源的丰富和满足大众阅读需求来说是有很重要的意义，也是值得不断去探索的发展方向。

三、图书馆馆藏资源管理的内容

（一）文献资料信息管理

资料信息管理是图书馆工作的主要内容，它存在于图书馆工作的各个环节。当今图书馆，除了保存传统的纸质资料外，还必须要储存大量的网络信息化的电子资料，并要把这些资料信息及时地提供给读者，随时更新资料信息，使它们成为读者容易接收的信息资料。所以对资料的整理要从传统的纸质文献的整理扩展到电子信息文献的整理，改变传统的资料管理模式，引用先进的计算机技术，将纸质资源信息化，对电子资源进行科学的整理，建立多种类型的信息资源库，为读者提供多样化的服务。

（二）文献资料组织管理

图书馆工作的重点是有效地管理其馆内的三富资源，使其发挥最大作用。这就要做到以下几点：

一是设立管理资料主管，成立管理小组来管理各类知识的流动。

二是完善管理的硬件设施，使图书馆内的各种资源有序地为读者服务，方便读者灵活查阅资料，获得自己想要的知识。

三是随时更新资源，将具有创新精神的管理人员和知识作为管理的对象，使他们发挥各自的最大作用。

四是加强对信息传播的管理，图书馆应从以下两个方面来加强信息传播管理：其一不断建设和开发图书馆的数字化和非数字化的文献资源；其二利用计算机网络传播信息，并保障信息的安全和保护知识产权。

四、实施图书馆馆藏资源管理的重要生

（一）馆藏资源管理是图书馆生存和发展的需要

随着社会的发展，图书馆作用的扩大，其社会地位的不断提高，给它的发展带来了很多机遇，但也给它带来了新的问题和挑战。当今摆在我们面前的主要任务是如何使图书馆的资源管理跟上计算机技术发展的脚步，不被时代抛弃。而在知识经济环境下的现代图书馆，只有将其内部的资料信息转变为更加强大的生产力和竞争力并充分挖掘其最大价值，才能扩大图书馆的发展空间，使图

书馆获得生存和发展。

（二）文献资料管理是图书馆发挥职能的重要部分

图书馆的作用就是从资料的搜集到整理再到提供给读者阅读。也就是说，在图书馆工作中文献资料的管理是它发挥自身价值的重要手段。随着社会的不断发展，网络信息的发展，读者需要质量较高的资料和信息，这就需要图书馆为读者提供更多的信息和更好的读者服务。而读者对资料信息的获取也从以往的纸质文献不断提升到了网络信息化的层次，这就要求图书馆应将其内部的资料，分门别类加以集中整理，以便形成更为便捷的为读者使用和传递的文献资料。

五、图书馆馆藏资源管理应坚持的原则

（一）立足不同的图书馆类型实施不同的馆藏资源管理方式

图书馆的馆藏管理属于图书馆的管理范畴，图书馆管理因图书馆的性质定位不同，分为不同的图书馆类型。比如，按组织创办者来说，可分为公共图书馆、私人图书馆和学校图书馆等，其中学校图书馆又可按年级来说分为小学图书馆、中学图书馆和大学图书馆；按图书馆收藏专业化来说，又可分为科技图书馆、美术图书馆、天文图书馆等类型。这些都表明不同性质的图书馆需要的管理方式也不同，同样对于图书馆馆藏资源的管理也不同，这一点从图书馆馆藏的不同类别资源所占比重和图书采购侧重点的不同上都是有所体现的。所以，图书馆馆藏资源的管理要立足不同的图书馆类型来实施不同的管理方式，找到适合的管理方法，有针对性解决馆藏资源管理中的问题。

（二）运用图书情报的知识落实图书馆藏资源管理

图书情报以其综合性的学科特点，既有图书馆学方面有针对性的理论和方法指导，又有情报学方面以信息搜集、组织整理、检索为特点的融合。这些理论指导在图书馆馆藏资源管理上也发挥着重要的作用。比如，从最初的文献的收集整理和目录编订工作到后期的从"文献知识"向"知识组织"的转变，这些都给图书馆馆藏资源的管理指明了道路，更为细节化地帮助图书馆馆藏实现资源的有效管理，最大效度地实现图书馆的知识服务功能。

（三）与时俱进创新图书馆藏资源管理

时代的发展带来信息技术的革新，也改变了人们传统的生活和学习方式。

面对从传统纸质载体的文献到今天虚拟数据化的馆藏资源的改变，改变的不仅仅是知识的阅读和使用方式，改变的也是新的馆藏资源管理的方式。对新的数字信息化的资源管理不同于传统纸质资源的简单固化管理，更多的是需要在技术的加持下进行的信息系统化管理，对管理者的素质提出了很高的要求，对数字信息资源的安全管理也需要格外重视。另外，在用户服务中，也需要加强用户对资源检索设备使用的用户培训。图书馆走向现代化的管理，是时代发展的必然趋势，也为图书馆的管理提出了更高的要求。

六、图书馆馆藏资源管理的途径

第一，提高图书馆管理人员的自身素质。

随着知识技术的不断更新，图书馆管理人员除掌握传统的文献资料管理外，还要熟练掌握网络技术、多媒体技术以及计算机知识。图书馆管理人员要及时地更新知识，不断掌握新技能，并具备一定的创新和研究能力，才能使图书馆有更好的发展。

第二，图书馆文献资料管理要深化知识服务。

深化知识服务，改变图书馆以传统馆藏为三的服务模式，将读者要求同信息资源、技术结合起来，以网络化的搜集、组织为基础，根据读者的要求，提供解决问题的方法。优化服务、调整管理策略，显性管理与隐性管理相结合。馆内文献资料有效地为社会各阶层读者重复使用，采用显性文献资料管理策略，而图书馆的工作重点是为读者提供文献资料检索服务、题目定位跟踪服务，用户调研和读者教育，需要采用隐性文献资料管理的策略。

第三，利用信息科学技术，优化图书馆馆藏资源利用水平。

建设数字图书馆，积极促进图书馆馆藏资源的数字化。随着图书馆信息化进程的不断推进，数字图书馆的建设是一个必然趋势。在数字图书馆建设过程中，我们应该抓住机遇，利用信息技术手段，做好数字图书馆的馆藏资源建设，来适应时代发展。图书馆在完善本馆馆藏书目数据库的基础上，更要加强馆藏文献资源数字化建设。馆藏文献资源数字化是将传统图书馆的馆藏文献资源包括印刷型、缩微型、视听型文献信息等转化为数字形式存储在数字图书馆，并通过网络进行转播和利用。图书馆文献信息资源的数字化主要包括三种形式：

一是将一次文献信息资源直接数字化；二是对一次文献信息资源进行浓缩加工，制成书目数据，即二次文献信息的数字化；三是将信息分析与研究产生的信息产品，即三次文献信息进行数字化。各图书馆应根据本馆的实际情况对拟数字化的文献信息资源进行选择。

第四，利用网络媒体，促进各类网络信息资源整合。

整合各类网络信息资源，即图书馆搜索、选择、组织、整理并下载存贮到本地网络之中，或者链接到图书馆的网页上。网络环境中各图书馆已经不再是一个孤立的藏书机构，而是网络的一个重要节点。随着国际互联网在我国的普及和国内各大网站的发展，通过网上电子信息资源的存取和本馆的电子出版物、数字化馆藏的利用，图书馆可以更加便捷地为读者提供内容丰富、形式多样的新型的电子信息服务。网络环境中读者可以进行光盘检索、联机检索，还可以在网上浏览、漫游世界，查询所需信息，检索全文数据库和全文电子出版物。读者阅读可以不受时间、地点的限制，可以随时通过身边的终端检索任何网上的文献信息，包括全文存储和全文检索，实现国内外网络化文献信息资源共享。

第五，建立网络导航系统，建设各种特色数据库。

通过建立数字图书馆的网络导航系统，将信息量大，有利用价值的网站汇集在一起进行统一的分类与链接，并对统一资源定位器（Uniform Resource Locator,URL）的主要内容做出简介和评价，帮助用户准确、快捷地找到信息源，并建立成学科导航库。同时，在保留传统印刷型特色馆藏文献的同时，应通过共享与协作、协调，在一定程度上使馆藏资源向数字化方向发展，这是时代发展的必然趋势。只有将馆藏特色资源数字化，才能提高其利用性和共享性，图书馆才有真正吸引力。各大图书馆应根据本馆的性质、任务和读者需求，对现有馆藏资源进行调查、分析和研究，围绕资源优势和学科优势，建立区别于其他图书馆的特色数据库。

第三章　图书情报在图书馆馆藏资源管理中的应用

图书馆馆藏资源管理是图书馆管理中的一项系统性工作，从文献信息的编目整理到分别归类的引标入库，以及针对文献信息的合理组织和信息资源的存储，再到之后的信息查询与用户有效查询，这都离不开图书情报的对图书馆资源管理的重要作用。图书馆馆藏资源管理也借助图书情报强大的信息搜集和甄别能力，对不同文献进行有效的收集、梳理和整理，对图书馆构建更为丰富和高质量的馆藏资源有重要的价值和意义。

第一节　文献信息的编目

一、文献编目学发展概况

远在公元前 1 世纪甚至更早，人类社会就有了文献编目活动，例如中国汉代刘向（公元前 77– 前 6）在整理校勘宫廷藏书的过程中编撰《别录》，其子刘歆（约公元前 53– 公元 23）又在《别录》的基础上编成了中国第一部综合性分类目录《七略》。随着文献数量的不断增加、文献类型的多样化以及科学技术的发展，文献编目的职能、对象、方法、手段及组织方式等都发生了变化。

古代编目的主要职能是对文献进行整理和记录，编目成果一般为回溯性的分类目录。而现代的编目活动则主要是为了宣传报道和检索利用文献，编目成果多种类型，多种载体的目录，以满足读者的不同检索要求。编目的对象，最初是单一的文献类型，即手写本和印刷本书籍。后来随着各种文献类型的陆续出现，而扩展到报纸，期刊、地图、乐谱，特种技术资料，以及非印刷型的"非书资料"如缩微胶卷和缩微平片、唱片和录音磁带、电影片和录像带、计算机文件等。长期以来，文献编目的方法和手段停留于手工操作方式，技术落后，目录载体为书本式及卡片式，编目活动由各个机构分散进行，编目规则互不统一，致使编目作业重复，造成人力、物力的浪费，检索速度慢、效率低。

20 世纪以后，全国性或地区性的集中编目和合作编目广泛开展，使编目活动的组织趋于合理，工作质量得以提高，特别是 20 世纪 60 年代以后，随着计算机技术和现代通讯技术等新技术在编目工作中的应用，文献编目开始进入一个崭新的变革时期，即自动化和网络化阶段。其标志是出现了机读目录（MARC）、计算机输出缩微胶片目录（COM 目录）等新型目录载体，以及文献编目自动化系统和联机编目网络等。这些都有力地促进了编目数据交流和编目成果共享，提高了文献检索的速度和效率。与此同时，20 世纪 60-70 年代制订的《国际标准书目著录》（ISBD）在世界范围内推广应用，促进了文献编目的国家标准化和国际标准化。当代文献编目的标准化、自动化和网络化，对于国家范围和国际范围的书目情报交流和文献资源共享起着巨大的促进作用。

二、文献编目的类型

（一）文献编目一般类型

文献编目的类型可以从文献类型、语种、编目手段、组织方式、编目机构及文献出版过程等方面进行区分，包括以下几种分类类型：

第一，按文献类型可分为：普通图书编目、古籍善本编目、期刊和其他连续版物编目、地图编目、乐谱编目、档案编目、声像资料编目、计算机文件编目等。

第二，按语种可分为：中文（汉语文和少数民族语文）文献编目、西文（英、法、德等拉丁字母语文）文献编目、俄文及其他西里尔字母语文文献编目、东方语文（日文和其他亚非国家语文）文献编目等。

第三，按编目手段可分为：传统的手工编目和应用计算机的自动化编目。

第四，按组织方式可分为：分散式个体编目、集中编目、合作编目。

第五，按编目机构可分为：图书馆编目、情报机构编目、档案馆编目、出版发行机构编目等。

第六，按文献出版过程可分为：预告编目（出版前编目）、在版编目（出版过程中编目）、出版后编目。

上述各类型编目，既具有共性，又有各自的特点。例如，由出版发行机构进行的出版前编目，对文献的著录一般较简单，个别著录项目不一定准确，而由图书馆和情报机构进行的出版后编目，则大都著录详细，且准确可靠。

（二）文献编目流程的文献编目

文献编目流程文献编目一般包括文献著录和目录组织以及文献技术加工等基本程序。但也有一种看法，认为广义的文献编目还应包括文献分类和主题标引在内。例如，在美国图书馆界，就把描述文献形式特征的著录称作描述性编目，而把主题标引称为主题编目。不同编目机构进行的文献编目和不同类型文献的编目，在具体过程及详略程度上有所不同。以图书馆图书编目为例，图书经过采购或缴送、交换等途径到馆并进行财产登记以后，即转到编目部门（或环节）进行编目加工。首先须根据公务目录进行查重，以确定是否为已经编目的复本书。如果是复本书，则无需再进行编目，只要在公务目录上作注记，在书上添加书标和索书号即可。如果是未经编目的图书，则按照所采用的著录规则进行著录，同时按照所采用的图书分类法和主题词表进行分类和主题标引，将著录项目、分类号和主题标目等按照规定的格式记录在卡片上或其他载体上，形成目录款目。卡片目录的各种款目通常采取"单元卡片制"的方式制作。采用著者号码来区别同类图书的，还须按照特定的著者号码表给出著者号码，并将其（或者按其他方法确定的书次号）记录在分类号的下一行以组成索书号。同时，对已编目的图书进行图书技术加工，包括贴书标、书装卡等，以便于图书排架和流通阅览。最后，按照目录组织规则，将各种不同标目的款目组织成各种目录。

书目的编制程序与馆藏目录稍有不同。编制书目（非卡片目录，通常为书本式目录）的首要步骤是确定编制原则和方法，包括：

第一，选题。即选定拟编书目的题目。

第二，根据书目的性质确定文献收录范围。例如，推荐书目应有选择地收录优秀图书，而参考书目则应以收全为准则。但不管编什么样的书目，都不应仅仅根据一馆的藏书编制，还应千方百计地从各种来源搜集本馆未入藏的有关文献的目录数据。

第三，确定著录规则。一般可采用现行规则或对其稍加增删，亦可自行拟订。

第四，决定书目正文的编排方法。以分类编排的书目，还必须决定采用何种分类体系。

决定应编什么样的索引。如果书目正文按分类编排，通常至少应编制著者索引，在可能的情况下，还应编制主题索引或题名索引。如编主题索引，则还应确定采用何种主题标引方法；在确定了书目的编制原则和方法以后，即开始进行文献（书目数据）收集；进行文献著录、分类和（或）主题标引，制成卡片的款目；对款目进行排序，组织成书目正文；编制索引；编写编辑说明（或凡例）及目次表；最后印刷（油印或铅印）成册。编制书目是无需进行图书查重和技术加工的。

以上均是就传统的编目方式而言，如果应用计算机辅助编目，编目的程序则又有所不同。例如，书目正文的排序、编索引等均可由计算机来完成（见机读目录、文献编目自动化系统、目录排档）。

三、文献编目工作的安排

文献编目工作的组织与管理文献编目是图书馆及其他文献情报机构开展服务活动的一项重要基础工作。图书馆一般设立专门的职能部门或安排专职人员从事此项业务。在中国，大、中型图书馆一般都设有编目部（或采编部），部下按文种设置编目组，如中文编目组、外文编目组或西文编目组、俄文编目组及东方语文编目组。但编目部通常只负责普通图书的编目工作。期刊、报纸、古籍善本书、非书资料等类型文献的编目，则分别由报刊部、善本部等部门负责。小型图书馆一般设立编目组或专职编目员，担任图书编目甚至所有文献的编目工作。

各部门开展文献编目工作，必须事先确定和准备所采用的著录规则（编目条例）、分类法、主题词表、著者号码表、分类规则、主题标引规则以及目录组织规则等。在著录规则、分类法和主题词表方面，中国图书馆界目前普遍采用的是国家标准《文献著录总则》及各分则，《中国图书馆图书分类法》或《中国科学院图书馆图书分类法》，以及《汉语主题词表》。此外，还应配备有若干常用的普通和专业参考工具书。

编目人员通常包括专业人员和辅助人员。专业人员主要从事著录、分类和主题标引工作，他们一般应受过高等教育或具有同等文化水平，掌握一定的图书馆学、目录学知识及其他专业知识。担任外文文献编目工作的人员，还必须具有相当的外语水平。辅助人员则负责技术加二和在专业人员指导下从事目录组织工作，他们一般应具有高中文化水平。编目人员的数量应视图书馆规模和购书量而定。在开展集中编目、在版编目以及建立起文献编目自动化网络的国家，大多数图书馆可以利用中心机构的编目成果，从而减少重复性劳动，节省人力。

文献编目工作应注意合理的分工和进行科学的管理。要制定切实可行的工作程序、定额指标及奖励制度。为确保编目质量，还应建立严格的校对、检查制度。

四、文献编目的相关著作研究

文献编目研究是图书馆学的分支学科之一。文献编目研究按研究内容或角度可分为两个方面：一是对一般性编目和目录的研究，称为目录学；二是对图书馆编目及目录的研究，可称为图书馆编目学或图书馆目录学。前者较侧重于理论问题的研究，后者是多侧重于技术与方法的研究。

文献编目研究可以推动和促进文献编目事业的标准化、自动化、科学化。中国 20 世纪 50 年代以前出版的图书馆编目研究专著有裘开明的《中国图书编目法》（1931）、金敏甫的《图书编目学》、楼云林的《中文图书编目法》（1947）等。1957 年出版的刘国钧等人编著的《图书馆目录》是 20 世纪 50 年代中国图书编目实践与理论研究的总结。此后至 20 世纪 70 年代除了台湾中华书局出版的倪宝坤编著的《图书馆编目学》和张树三的《图书目录概论》以外，几乎都是非正式出版的大学讲稿。80 年代开始了中国图书馆编目研究的繁荣时期，发表了大量期刊论文并出版了专著。书目文献出版社 1986 年出版的黄俊贵、罗健雄编著的《新编图书馆目录》和李纪有、余惠芳编著的《图书馆目录》在一定程度上反映了中国 20 世纪 80 年代图书馆编目研究水平。此外这方面的著作还有北京大学图书馆学系、武汉大学图书馆学系编的《图书馆古籍编目》（1985），李纪有、赫彦生、刘维英主编的《图书馆目录》（1989）等。

五、中、西文的文献编目

(一)中、西文的图书与期刊的编目

1. 图书分编

中文图书分编共顺序依次为：交接验收－分类－编目。

（1）交接验收：从采购组接过图书，验收签字后进入分类编目。

（2）分类：先查重，然后标引分类号。其中查重是图书进行分类以前，为了防止同书异号，需要进行查重，以确定是初本还是复本。凡书名、责任者、版本，稽核、附注、提要、排检项完全相同者属于复本，否则即为初本。如系复本书则把索书号抄在封底的左上角，并记录在机读目录相关数据的 905 馆藏信息字段内。而标引的分类号是依据《中国图书馆分类法》对图书标引的分类确定的，原则上取到《中图法》给的最后一级。

（3）编目：编目是最后一个环节，主要包括以下内容。

①依据《中国机读目录格式》（CNMARC）、《新版中国机读目录格式使用手册》（ISBN7-5013-2198-1）和《中华人民共和国国家标准：文献著录总则》（GB3792，1-83）、《普通图书著录规则》（GB3792，2-85）著录。非印刷型文献按照《非书资料著录规则》（GB3792，4-85）著录。

②无法套录数据的新书编目时，进入图书馆管理软件编目子模块，选择MARC编目进行编目，录入完毕后存入中央库。然后在编目窗口点击"单册登录"，打开单册登录窗口，选择馆藏地和图书类型，点击自动生成。

③应在 905 馆藏信息字段内输入馆藏代码、条码号、索书号、复本数等本馆规定必须输入的信息。

④利用在版编目信息时应注意校对分类号。如对方所给分类号有误应纠正；如对方所给分类号有两个，原则上取第一个分类号。

⑤可以套录数据的新书编目，按图书馆图书机读编目（套录）工作程序和方注进行操作。

2. 期刊分编

期刊分编工序依次为：核收－分类－编目。

核收：与期刊库中文期刊管理岗位共同核收装订好的期刊合订本。

分类：期刊进行分类以前，为了防止同刊异号，首先进行查重，确定是新刊还是旧刊。查重完再依据《中图法：期刊分类表》对新刊标引分类号。

编目：期刊编目时需要注意以下情况。

①依据《中国机读目录格式》（CNMARC）、《中国机读目录格式使用手册》（IS-BN-80039-990-7）和《中华人民共和国国家标准：文献著录总则》（GB3792，1-83）、《连续出版物著录规则》（GB3792，3-35）著录。

②应在 905 馆藏信息字段内输入该刊新合订本的登录号、分类号、著者号、入藏卷期、年代范围、复本数等本馆规定必须输入的信息。

③单册登录与图书相同。

④利用在版编目信息时应注意校对分类号。如对方所给分类号有误应纠正；如出现两个分类号时，原则上取第一个分类号。

（二）具体中文编目中存在的问题

1. 标准执行不力

标准和规范缺乏相关标准和规则配套的实施细则，直接影响到数据的规范性和准确性，也往往使编目人员无法操作。监管机构没能严格执行相关的国家标准和规则，从而使一些参与在版编目的出版社积极性不高，从而对中文编目数据质量重视不够。

2. 文献检索途径操作不规范

现实工作中，文献检索途径操作不能全面准确地反映出图书的内容和形式要求，容易导致中文图书著录、标引的不准确、不规范。如著者、题名、分类、主题等检索途径，如果不了解这在文献编目过程中，当某个检索途径不够明确，将使读者或工作人员难以查到所需的文献资料。

3. 遗漏期刊或错误著录关键信息

在机读目录（Machine Readale Catalog, MARC）中，除了必备字段外，一些能反映期刊主体特征的字段也不能少。因对期刊特性的不熟悉或对 MARC 格式的不理解，遗漏了一些必要检索项，从而对期刊信息揭示不完整。所以，期刊如果有这两个号码 ISSN 号和 CN 号，都应该著录。

对 MARC 格式的不熟悉所导致著录的错误也很多，如子字符的错误；空格错误，如题名前无意识地加了个空格，则该记录通过题名就无法检出；邮发代号中出现错号，字母、数字的全角、半角、字母大小，键盘符号、字母类型等写入不一致都会影响著录质量，造成错检、漏检。

（三）现代计算机中的中文编目工作

1. 利用现代科技数据功能

为了方便用户，目前很多学校图书馆都使用了图书馆自动化集成系统（ILAS），该系统提供了大量的数据接口功能，能接收任意格式的数据，其中可接收图书发行数据，接收 CN-MARC 数据，接收定长格式数据等。

ILAS 提供的这种数据接收功能，大大提高了数据录入速度，是手工录入所不能比拟的，也是数据录入工作标准化的一种体现。

2. 利用录入造词功能

在 MARC 数据的录入过程中，涉及到一些如 @b、@c、@d 等子字段代码，在以五笔字型录入时，利用五笔字形的空码，将这些子字段代码设置到这些空码的位置上，如需输入 @b 时，只需键入 abbb 四键，就会显示出 @b 来。输入一些固定字符时，可将它们和子字段代码造在一起，如价格子字段 @d 与其后的符号，可造在 addd 码上，输入时只需键入 addd 四键，就会显示出 @d 来。

3. 利用自动生成功能

ILAS 系统的 ISBN 代码库有一些常见出版社的出版地、出版社名称，但在录入过程中往往会遇到一些 ISBN 代码库没有的出版社，这时就要及时地将这些出版社加入 ISBN 代码库，在下一次输入过程中，系统就会自动生成相应的字段了。种次号库的自动生成功能在新书加工过程中也发挥了一定的简化功能。即在 905@f 子字段的分类号后加打一个？符号便能自动生成种次号。

4. 利用数据字段或子字段的批处理

在书目数据著录时，由于著录方法、著录内容的改动，需要统一修改、追加删除某字段中的内容，ILAS 提供了这些功能。只需进入相应功能，输入数据库名，要修改、追加或删除的字段标识、子字段标识与相应内容及其范围，然后确认即可。利用条码号定长功能添加复本书条码号对一本书录完它的有关书目信息需要到入藏屏添加条码时，在条码号 # 项处用光笔扫入样本条码号，它的条码号及相关信息就自动加入下屏。还需加入第一本复本的条码号，用光笔继续扫入样本条码号，这时会显示一组 ILAS 信息。此时，条码号项处有多余位，但当我们按回车键后，它会自动舍弃多余位，其他复本依此法操作即可快速完成条码的录入。

（四）中、西文文献编目比较与统一对策

1. 中、西文编目中主要款目的概念及其著录方法的比较

我国《西文文献著录条例》仍保留着主要款目的概念，并将其定义为"包含所著录文献的书目信息最完全的款目（包括该文献其他书目记录的标目的根查）"。中文文献各著录规则国家标准现已废除了主要款目的概念，而代之以交替标目、平行款目的做法。但中文编目中的一些教材，诸如中央广播电视大学图书馆学专业用书的《图书馆目录》（书目文献出版社 1986 年版）和已纳人国家教育委员会组织制定的高等学校文科教材编选计划（1985–1990）的《图书馆文献编目》（武汉大学出版社 1989 年版》等都主张继续在中文编目中保留主要款目的概念，但其主要款目概念既有别于传统中文编目中的基本款目概念、又有别于西文编目中的主要款目概念，它是指"在同一种目录里利用文献的主要特征为标目的款目"。由于这些中文编目教材旨在培养文献编目专业人才的重要性及其应用范围的广泛性，以及其主要款目概念和著录方法对我国现实手工编目为主的客观条件和分立式目录组织体制的客观要求的适应性，从而使得这些教材中所持的主要款目概念在我国中文编目的理论和实践中具有较大的影响和一定的代表性。

现时中、西文编目中的主要款目是两个既有联系、又更有区别的不同概念。

（1）中、西文编目的联系

第一，它们都是建立在手工编目基础上的，一旦编目工作手段完全计算机化，其概念也就会自然消亡或毫无意义。

第二，它们都要求从作用上对标目进行三次的选择，都是以主要标目为基础编制的款目。

第三，它们都是目录必不可少的基本组成部分，其他附加款目可以根据条件有选择地编制或可以不编，但主要款目是非编制不可的。正由于主要款目在目录中的这种必不可少性，它既可以组成规模最小且又能基本揭示馆藏文献的检索性公共目录，也可以组成准确有效查考缺本复本的公务目录。特别在藏书不多、目录检索量不大且人力物力又有限的小型图书情报机构，仅以主要款目

来组织目录更具有广泛的实用性。

第四，它们都强调其款目内容，即著录事项是最详细的，具有提供文献最完整的目录学知识的特点，其他款目则可以在著录内容上从简（手抄目录时期）或与之保持内容上的详简一致（打印和印刷单元卡时期。）

（2）中、西文编目的不同

第一，它们适用的目录组织体制不同。

西文编目中的主要款目概念，主要适用于一文献多种款目混排的字典式目录组织体制，即为一文献编制唯一的主要款目以作选编其他附加款目的基础；中文编目中的主要款目概念，主要适应于一文献多不同性质款目各自单排的分立式目录组织体制，即为一文献的多个特征方面各编一主要款目。

第二，它们的编制程序不同。

西文编目中的主要款目总是首先被编制起来以作为编制其他附加款目的基础，即编制主要款目总是西文编目的第一步工作，并且其主要款目的编制又总是从选定主要标目开始的。由于主要标目选定的不同就决定着主要款目著录格式不同的缘故，一旦主要标目的选定受阻或发生困难，整个编目工作就无从进行而搁浅。中文编目中的主要款目同其他附加款目一样，都是在通用款目（类似于国外的书目记录或记述单元卡，包括著录正文、内容提要及排检项等三部分内容）的基础上形成的，编制通用款目是中文编目的第一步工作，在通用款目的相应位置上添加上主要标目，即构成主要款目，标目的选定丝毫不影响对文献内容和形式特征的描述著录。

第三，它们的数量规定不同。

西文编目中的主要款目对一文献来说只能有唯一的一个主要款目，而中文编目中的主要款目对于一文献来说则不具有这种唯一性，即可能同时有题名主要款目、责任者主要款目、主题主要款目和分类主要款目的存在。

第四，它们的标目选择原理不同。

西文编目中的主要款目要求在一文献的题名和著者间作出唯一的主要标目的选择，一文献在目录中只有唯一的一个主要标目。

中文编目中的主要款目则要求从一文献可能同时具备的题名、责任者、主题和分类等四方面的特征中分别作出唯一性的主要标目的选择，一文献在目录中通常有不超过四个的主要标目，其唯一性只表现在文献某一特征方面的唯一性选择而已。

第五，它们的标目表现形式不同。

西文编目中的主要款目的主要标目通常总是固定在主要款目的最上端（即"头行"），制作其他附加款目需在主要款目的主要标目的上端进行附加标目的重叠；中文编目中的主要款目的主要标目通常与通用款目的内容相分离，没有固定在通用款目的最上端（题名、责任者、主题等字顺性的主要标目）或左中位置（分类号等代码性的主要标目），只是在作用上强调以其编制的款目就是主要款目，制作其他附加款目只需将从通用款目的排检项中提出用以作为附加款目的标目交替置于通用款目上的相应位置即可。

2. 完善和统一中、西文编目中主要款目做法的对策

通过上述对我国中、西文文献著录规则国家标准或条例对主要款目存废的不同作法以及在现实编目工作中对主要款目不同概念和著录方法的辨析说明，我们可以看出这种不统一的主要款目作法已严重阻碍了我国中、西文编目的统一标准化发展。因此，在广泛讨论、深入研究的基础上，应积极寻求完善和统一我国中、西文编目中对主要款目不同做法的对策，促进我国中、西文编目工作的统一标准化发展，真正实现全国文献工作标准化技术。全国文献工作标准化技术委员会早在 1980 年就提出的"中外文著录统一"的目标，建立和健全我国中外文文献统一的书目情报报道和检索体系，确有着十分重要的现实意义和深远的历史意义。要真正做到完善和统一我国中、西文编目中对主要款目不同的做法，应采取以下几个方面的对策：

（1）充分协调，统一中、西文文献著录规则国家标准或条例中对主要款目存废不同的做法。

我国中文文献各著录规则国家标准现已废止了主要款目的概念，而《西文文献著录条例》则一如既往保存着主要款目的概念，这就形成了我国中、西文文献著录规则的国家标准或条例对其保有存废不同做法的态度。为着促进我国中、西文编目统一标准化发展的目的，我国文献编目界应充分协调，力求就主要款目的存废问题在中、西文文献著录规则的国家标准或条例中形成一致的存则共存、废则俱废的做法。考虑到我国文献编目还将在较长时期内以手工编目

为主，不能为同一文献在目录中广作各种款目以及计算机编目一时还很难在全国普及的现实国情，修改中文文献著录规则的国家标准中对主要款目不切实际地过早完全废止的做法，争取实现中文与西文编目共存，对此还是有一定的现实意义的。

（2）步调一致，统一中文编目自身对主要款目存废不同的做法。

我国中文文献各著录规则的国家标准均已废止了主要款目的概念，而一些颇有影响的中文编目教材以及实际中文编目工作中又普遍存在着的继续坚持既有别于中国传统、又有别于西方的主要款目概念及著录方法的现象，这就造成了我国中文文献著录规则国家标准同专业教材及实际编目工作对主要款目有着存废不同作法的客观现实。尽管这种在中文编目存在的主要款目概念及著录方法有其一定的现实合理性，即充分考虑了我国中文编目分立式的目录组织体制，以及现实手工编目难于为同一文献的各特征方面广作款目而必然要有所重点选择的客观条件，但它毕竟同国家标准相抵触，直接损害了国家标准的权威性，并因其理论和实践上的广泛影响，已在很大程度上引起了全国中文编目界在概念和作法上的混乱现象，使人们困惑不解和茫然不知所措。因此，在统一我国中、西文文献著录规则的国家标准或条例对主要款目存废不同作法的前提下，并在吸取现时中文编目中的那种主要款目概念及著录方法的基础上，我国中文编目界应在理论和实践上都步调一致，尽快统中文编目自身对主要款目存废不同的做法，为最终实现中西文编目的统一标准化发展奠定坚实基础。

第二节　文献信息的分类与主题标引处理

一、文献分类概念和文献分类标引原则

（一）文献分类概念

文献分类与主题标引是根据文献主题的学科、专业属性以及其他有检索意义的特征，赋予文献分类检索标识——分类号的过程。文献分类就是以分类法为工具，根据文献资料所反映的内容知识属性和其他显著特征。将馆藏文献资

料分门别类地系统地加以组织与揭示的一种方法。文献主题是概括文献中关于某研究对象情报内容的概念。文献分析分类是当一种文献可以拆分成更小的内容完整的单元时，对各个单元进行文献分类标引，再由主题标引依据一定的主题词表或主题标引规则，赋予信息资源词语标识。

（二）文献分类标引原则

1. 学科属性原则

学科属性原则要求文献分类标引首先必须以其内容的学科或专业属性为主要标准。

2. 专指性原则

专指性原则是指要将文献分入恰如其分的类，而不能分入范围大于或小于文献实际内容的类目。

3. 实用性原则

实用性原则的要求是文献分类标引必须使文献尽其用，即要根据文献的实际用途、写作目的、读者对象及收藏文献机构的专业属性等，将文献分入最大用途的类。

4. 系统性原则

文献分类标引必须体现分类法的系统性、等级性和次第性。凡能归入某一类的文献必带有其上位类的属性。也就是说，凡能归入某一类的文献，一定也能归入其上位类。

5. 逻辑性原则

文献分类标引必须遵循逻辑划分的原则，而不能违背概念逻辑。

6. 一致性原则

一致性原则是将内容相同的文献集中归入同一个类目，可以通过讨论，建立分类规范文档，人为地将其集中到某类。

7. "其他"类原则

"其他"类原则是指当一个文献的主题在分类法中找不到为它专列的相应类号，入"其他"类优先于入上位类。

8. 入上位类、或依论述重点归类原则

当一个文献的主题涉及两个及两个以上类目的文献，能入上位类的入上位类，否则可依其重点归类。

9. 新学科、新主题文献分类原则

新学科、新主题文献在分类表中没有明确列类时，可先靠入其母学科或归入其相关的上位类。

另外，文献的分类原则按照主题数量的多少又可以分为单主题文献分类标引和多主题文献分类标引。两种不同类型的分类原则各自有不同的内容。

1. 单主题文献分类标引原则

一是简单地只讨论一件事物或一个问题的文献，一般依其内容的学科属性归类。

二是分别从不同的学科来研究同一主题的文献，依研究它的学科归类。

三是同时从几门学科综合论述一个主题的文献，依论述该主题的主要学科归类。

2. 多主题文献分类标引原则

多主题文献分类标引原则是对各主题进行分析，依其最能体现该文献内容实质的或在内容中起主导作用的主题归类，必要时对另外的主题作附加分类：如果不分主次，可选择篇幅较多者或篇幅居前者的类号作为主要分类号。

二、文献分类的工作程序

文献分类的工作程序主要包括查重、主题分析、判断类别、标引类号和校验审核这五个方面，具体内容如下：

（一）查重

所谓的查重也称作查复本，是文献分类的首要工作。就是查明将要分类的文献在本馆以前是否已有收藏并且分编过。查重的目的是杜绝复本书重复分类，给号前后不一致的情况出现。查重主要依据公务书名目录。

（二）主题分析

主题分析是对文献资料的内容、组成部分浏览后，对其主题性质进行判断的过程。

（三）判断类别

这里的判断类别指的是根据文献资料的学科本质属性，在本馆的使用本上找到其所属的相应具体类目的过程。

（四）标引类号

标引类号指的是当一书被归入某一类目后，可将该类的类号用铅笔写在书名页的角上。给号时，一定要以本馆的使用本和分类表的具体规定为准。

（五）校验审核

校验审核是对前面一系列工作进行严格的检验，必须符合相关标准才可以确定为文献分类工作的完成。

通过文献分类，有利于组织分类排架，其中最直接最理想的就是分类排架法，还有利于编制分类目录。而分类目录是按分类体系组织的一种目录，也是目前我国图书情报部门的目录体系中使用频率较高的一种目录。

三、主题标引概述

主题标引指的是依据一定的主题词表或主题标引规则，赋予信息资源词语标识的过程。要对主题标引有充分的了解，首先要对主题标引和分类标引有清晰的认识，要知道其存在的异同。主题标引与分类标引的对比如下：

（一）主题标引与分类标引的相同之处

第一，它们揭示和检索的对象是一致的，即都是各种类型的图书资料，都是依据这一对象的客观存在而产生和发展的。

第二，它们都是从图书资料的内容途径进行揭示和检索的一种方法。

第三，它们的目的和作用是一致的，即都是文献信息单位用来组织和编排图书资料的检索工具，向读者揭示、宣传和流通图书资料的一种手段。

（二）主题标引与分类标引的不同之处

1. 体系结构不同

字顺系统是主题法体系结构的主体。这种字顺系统指主题词表的全部主题词和主题目录、主题索引的全部标题都是依据字顺排列先后的。此外，有的主题词表还根据需要，编制了用于组配使用的各种类型的辅助表和附表，如地域表、形式表、国家表、人物表、组织机构表等。另外，还编制了一些用于提高标引和检索效能的分类索引、词族索引、文种对照索引、轮排索引等辅助性的结构措施。

分类法体系结构的主体是按学科性质划分的等级层类结构的逻辑分类系统。这种逻辑分类系统，是指各门学科知识类目的划分，遵守从总到分，从一般到特殊，从低级到高级，从简单到复杂，从上位到下位，层层展开，上下隶属的逻辑序列。此外，分类法在体系结构上，还编制了一定数量的辅助分类表、专类复分表、类目索引或相关主题。

2. 揭示事物的角度不同

主题法主要是从图书资料内容的主题字顺角度进行揭示，它所揭示的是某个具体的事物、对象和问题。主题法不管学科分类，也不管学科之间的逻辑关系，只是对事物的特定对象及其各个方面的问题进行研究和探索。

分类法则主要是从图书资料内容的学科性质出发对事物进行分类揭示的。它所揭示的是事物属于什么学科门类，便于读者把这个事物置于一定学科体系之中进行研究和探索。

3. 对图书资料的集中与分散不同

主题法是把同一主题的图书资料集中，却把同一学科性质的图书资料分散。相反，分类法把同一学科性质的图书资料集中，却把同一主题的图书资料分散。

4. 标识符号系统不同

主题法主要采用直接的语词标识系统，以规范化的或不规范化的自然语言作为图书资料内容主题的标识符号，这种标识符号比较直观，给人以一目了然的效果。但是，不足之处是采用这种标识编排图书资料检索工具时，词与词之间是机械地排列，在编排上不能揭示和反映学科体系的内在联系。

分类法采用的则是一种间接的号码标识系统，即以字母、数字或二者混合的号码作为大小类目的标识符号。分类法所组织和编排的检索工具主要依据类号进行序列。

图书资料的学科体系，也主要是靠这种类号去揭示和反映。类号与类目名称紧密结合，一旦类号完全脱离类目名称，则难以知道类号的含义。

5. 语义关系的显示方法不同

主题法的主题词之间的语义关系，主要是通过它的参照系统，即"用（Y）"、"代（D）"、"属（S）"、"分（F）"、"族（Z）"、"参（C）"等显示同义、属分和相关语义关系。其次，叙词法还编制了范畴分类索引、词族索引（词族图）

等辅助性措施来显示词的隶属或等级性质的语义关系。

分类法类目之间的语义关系，主要依靠类号类目的等级层次，直接显示上下位类目概念之间的隶属关系、平行并列关系，其次还靠参见法、指入法、交替法以及类目注释说明等方法，显示类目概念之间的同义、相关等语义关系。

6. 组配方法不同

主题法的组配，由于直接采用自然语言的名词术语作为组配标识，它的组配是词与词的结合，所以使用起来一般比较直观、灵活。

分类法的单线性逻辑序列，一般很难反映学科之间的多种交叉现象。譬如边缘学科、交叉学科和综合学科的图书资料，在类表中往往难于安排位置，适应性较差。

为了满足这一需要，现代许多分类法就采用了很多通用复合组配、专用复分组配和主类号组配等有力的措施，来补救这一缺点。

7. 组织藏书的功能不同

主题法不具有组织藏书排架的功能。但分类法在功能上则具有独特的优点，它既能用于组织编排目录的索引检索工具，又能用于组织藏书排架，是管理图书的一种科学的方法。

8. 适应自动化的程度不同

从总的使用情况来看，主题法由于直接使用自然语言作为检索标识和采取语词概念的组配方式，以及反记著录的方法，因而它更能适应于各种机械设备，便于实现图书资料检索工作的自动化和网络化。当然，主题法也可用于编制手工检索工具。分类法虽然也可以用于计算机检索，但主要是用于编制手工检索工具。

四、主题标引的方式

主题标引主要包含以下五种方式。

一是整体标引。整体标引是一种概括揭示信息资源基本主题内容的标引，亦称浅标引。

二是全面标引。全面标引是一种充分揭示信息资源论的索引符合检索系统要求的主题概念的标引，亦称深标引。

三是对口标引。对口标引是一种只揭示资源中适合本专业需要的主题内容的标引，亦称重点标引。

四是综合标引。综合标引是一种以集合型信息资源的整体为单位进行的概括性标引。

五是分析标引。分析标引是一种根据资源中部分片段或集合型资源的构成单元进行的标引。

五、主题标引的方法

主题标引主要有三种方法，分别是主题分析、主题概念的转换和标识的确定。三种方法各有各的特点，具体的内容如下：

（一）主题分析

所谓的主题分析，是指根据主题标引和检索的需要，对文献内容特征进行分析，提取主题概念的过程。具体而言，就是在分析文献主题类型、主题结构的基础上，对具有检索意义的主题概念进行提炼和取舍的过程。

1. 主题分析的类型

（1）单主题和多主题（根据文献中论述主题的数量来分）

单主题是指一篇文献中只研究一个中心对象或问题，即论述某一特定事物的对象，或论述一事物的几个方面，以及与其他事物对象的联系；多主题是指一篇文献同时研究两个或多个独立的事物对象或问题。

（2）单元主题、复合主题和联结主题（依据一主题中主题概念的数量和关系来分）

单元主题是指只需要一个基本概念就可以概括的主题；复合主题是指由两个或两个以上基本主题概念结合构成的主题；联结主题，即相关关系主题，是一种涉及到两个主题对象之间联系的一种主题类型。

（3）主要主题和次要主题（按文献论述的重要程度来分）

主要主题是文献论述的主题内容中，作者重点论述的主题或称中心主题；次要主题是文献论及多个主题时不属于重点论述的主题。

（4）专业主题和相关主题（按照文献主题与检索系统专业的相关程度来分）

专业主题是指与检索系统专业性质一致的主题；相关主题则是指与检索系

统专业性质不相一致的主题。

（5）显性主题和隐性主题（按照文献论述的直接程度来分）

显性主题是指文献明确阐述、表达的主题；隐性主题则是指文献没有用直接语词加以描述，而是隐含在不同字面形式中的主题。

2. 主题的结构

主题结构是指构成主题的各个基本主题因素以及它们之间的相互关系。所谓分析主题结构，就是在分析主题类型的基础上，对文献中的复合主题进行分析，弄清其构成成分以及相互的联系，以便在明确三题构成的基础上，对主题概念进行提炼。

对主题结构因素的分析，一般采用刘湘生的主题分面公式，即我国国家标准《文献叙词标引规则》（GB/T3860—1995），其基本特点是把所有文献主题因素归纳为五个基本方面：主体面、通用面、位置面、时间面、文献类型面。

（1）主体面（主体面中的主体因素称为主体因素）

主体面是文献主题中的主体部分，即文献所研究和论述的主题中的关键性主题概念。

（2）通用面（通用面中的主题因素称为通用因素）

通用面是指文献主题中的次要部分，即构成主题的一些通用概念。主题词表中凡是没有独立检索意义的一些主题词，如：研究、方法、设备、设计、演变、工作总结等，均为通用因素。

（3）位置面（位置面中的主题因素称为位置因素，也叫空间因素）

位置面是指文献研究和论述的对象、问题所处的空间，一般是地理位置属性的概念，即主题中的位置因素。它包括国家、地区、地名以及机构方面的主题词。

（4）时间面（时间面中的主题因素称为时间因素）

时间面是指事物、对象、问题所处在的时间范围的属性概念，即主题所包含的时间属性。它包括年代、时间、朝代等方面的主题词。

（5）文献类型面（文献类型面中的主题因素称为文献类型因素）

文献类型面是指表现主题的文献类型形式方面的各种概念属性。如：词典、手册、丛书、百科全书、会议录、论文集等主题词。

（二）主题概念的转换

主题概念的转换通常是以一定的词表为工具，将分析出的主题概念转化成规范化的主题间，并根据检索系统的要求对标识作出处理。转换的方式主要有两种，即直接转换和分解转换。

1．标识的确定

标识的确定是指依据检索系统使用的需要，在完成标识转换的同时，对标引词进行必要的处理。

2．机检词的处理

对机检词的处理主要有加联号、加职号、根据输出需要确定标题等几种方法。

3．确定标题

（1）确定标题的两种结构形式

一是单一标题，亦称单级标题，即由一个叙词构成的主题标识。

二是复合标题，亦称多级标题，即将两个或多个主题词按一定的次序加以组合，并使用相应组配符号连接的标题形式。

（2）确定标题的方式

一是做好主标题的选择。选为主标题的词一般是具有独立检索意义的词，通常为表示主题因素的叙词。

二是对叙词的引用次序作出规定。引用次序的确定，可以参考一定的通用引用次序标准。

三是规定轮排模式。轮排，是指一次将标题中每个有检索意义的叙词作为检索点，轮流排列在主标题的位置上，同时对标题中的其他叙词做相应变动。

六、主题标引规则

（一）主题标引的查词规则

第一，主题标引必须是词表中的正式主题词，非正式主题词不得作为标引词用。书写形式必须与词表、词形一致。

第二，要选用词表中与文献主题概念相对应的最专指的叙词进行标引。

第三，一本书如果涉及到两个方面的内容时，应标两个并列的主题词。

第四，在词表中没有相对应的专指叙词时，可选用词表中含义最近、关系最密切的两个或两个以上的叙词进行组配标引。

第五，在词表中没有相应的专指叙词，也无法以词表中含义最接近、关联最直接的叙词进行组配标引时，可选用最接近的上位词进行标引，即上位词标引。

第六，在词表没有相应的专指叙词，也无法用适合的叙词组配标引或上位词标引时，可选用含义相近的叙词进行标引，即靠词标引。

第七，如待标主题概念为未收入词表的新概念或本身具有较大标引和检索价值，不适宜采用除标引相应的专指叙词以外的任何一种标引方法时，则可考虑直接采用自由词标引，亦即增词标引。

第八，边缘学科、交叉学科，其内容彼此相关，可作主题参照款目。

第九，丛书、多卷书等连续性出版物，可采用"集中"或"分散"的办法进行标引。

第十，对多主题的书，除标引几个具有代表性的主题词外，必要时可作主题分析款目。

（二）主题标引的组配规则

主题标引的组配规则是指在主题标引过程中，将两个或两个以上的主题词按照一定的逻辑关系结合在一起表达文献主题，称为组配标引。

1. 组配原理

主题词组配通常分为概念组配和字面组配。概念组配是叙词法的基本原理，它是指参加组配的叙词间之间必须符合一定的逻辑关系，而不是简单的字面分拆或随意的语词组合，其实质是概念的分拆和综合（拆义）。字面组配是从词形上着眼，而不考虑概念之间的关系，其实质是词的分拆和组合（拆词）。

2. 组配形式

主题标引的组配形式，按所依据概念的逻辑关系，可分为：

（1）交叉组配

指用具有交叉关系的若干个主题词的组合表示一个复合概念词的组配，亦称并列组配。符号为"："。

（2）限定组配

它是以概念的限定方式为基础，由泛指的属概念过渡到专指种概念的一种组配。

3. 组配规则

主题标引必须遵循以下的组配规则。

（1）叙词的组配应当是概念组配，而不是单纯的字面组配。

（2）叙词的组配应优先采用交叉组配，在不能使用相应叙词交叉组配时，才采用限定组配。

（3）叙词的组配不得采用越级组配，即在可以使用相应专指叙词组配标引时，不得使用该词的上位词或下位词进行组配。

（4）叙词的组配，必须选用与文献主题关系最密切、最确切的词进行组配。

（5）叙词组配结果必须明确，具有单义性。

（6）对并列多主题文献可采用分组组配方式，并以相应符号揭示主题词之间的联系，以避免出现虚假组配，

（7）当某一主题概念在词表中已明确规定相应组代词时，应采用规定组代词的相应叙词进行组配标引，不得另选其他叙词。

（8）在能选用专指的单个叙词标引时，不得采用组配形式进行标引。

（9）具有矛盾关系的概念词，相互之间不得用于组配。

（10）叙词的组配词序，一般可依据国家标准中采用的分面公式，按主体因素、通用因素、位置因素、时间因素、文献类型因素的次序确定，如标题中出现多个属于主体因素的叙词时，可按照它们之间的依存关系，依次按对象、部件、材料、过程、操作、工具的次序加以序列。

第三节　文献信息的组织与存储

一、标准信息存储模式

标准有其固有的特点，一般来说，标准系统的结构形式包括阶层秩序（层次级别的关系）、时间序列（标准的寿命时间方面的关系）、数量比例（具有不同功能的标准之间的构成比例）和各要素之间的关系，主要是标准之间相互适应，相互协调的关系，以及它们之间的合理组合。

因此，所设计的标准数据库应包括标准题录库和标准全文库两种，标准题录库主要反映的是标准之间的彼此相关性和一些题录信息。而标准全文库是能被计算机所识别和遍历，支持针对全文的特定部分，如规范性技术要素部分，进行文字、图表、公式等检索和智能化处理，使系统访问人员能及时、快速定位，更准确地查询到所需的信息。

标准题录数据库反映标准之间的层次级别关系、时间序列、数量关系和一些题录信息。

标准全文数据库包括元数据和要素内容数据的存储，元数据反映标准全文的框架结构，而要素内容数据则保存框架结构中各元素的存储内容。

二、标准全文数据库

标准全文数据库由元数据库和要素内容数据库组成。

（一）元数据

元数据库描述的是标准全文的结构，是全文的概貌，并结合要素内容数据库保存整篇标准全文。但在设计元数据库时要注意以下两点。

第一，研究篇章布局、内容结构元素时，要确保范围全面。

第二，确定标准文献的各结构元素，要制定标准文档结构的元数据标准。

（二）要素内容数据

"标准内容结构"有其规范性，一般来说，整篇文章是由要素和要素所允许的内容组成的。要素类型分别为资料性概述要素、规范性一般要素、规范性技术要素、资料件补充要素、规范件技术要素、资料性补充要素。内容一般是文字、图、表、公式、注、脚注等。

三、标准信息的应用

标准信息服务系统是基于标准文献信息存储模式而开发的系统。

标准信息服务系统主要由三部分组成：标准信息采集、标准信息存储和标准信息发布。

标准信息采集：目前主要关注的是纸介文件和电子文档如何录入进库里。

标准信息存储：标准文献里面含有文字、图片、图表、公式等信息，向各类应用提供标准信息，且要求支持各种文件格式进行浏览。因此，可以采用元数据库、要素内容数据库和题录数据库进行存储标准信息，待查看时自动生成各种文件格式的全文，以满足各种数据规范要求。

标准信息发布：架构标准信息的发布平台，准确、及时或触发式地向各类用户提供标准信息。该架构中还提供应用程序接口和授权管理，使各个系统能通过程序接口访问标准数据库。

新式的标准信息存储模式，不但满足了传统的标准信息检索要求，而且提供了标准资源的框架，其他的各类系统可以通过服务接口直接访问此外其他系统，还可以结合本地信息资源，根据一定的智能化算法，自动形成有利于指导或管理某个领域发展的信息。

四、多媒体文献存储

（一）多媒体数据与传统字符数字型数据相比所具有的特点

（1）数据量巨大。尤其是动态视频、音频媒体的数据，虽然经过压缩，数据量仍然很大。

（2）数据类型繁多。从媒体种类来看，就有视频、音频、图像、图形、文本等多种形式。随着技术不断的发展，新的媒体类型还会不断产生。

（3）数据类型之间的性质差别大。不同类型的媒体数据其媒体存储量、格式以及处理方法都不同。

（4）多媒体数据的时空特性。视频、音频和动画过程等媒体具有时态特性，而图形、图像等媒体具有空间特性。

（5）多媒体数据的版本控制。在信息系统中对多媒体数据的存储和组织与常规格式化数据有较大差异。针对多媒体数据的特点，存储和组织多媒体数据需要设计适合于大数据量存储的物理结构和逻辑结构，保证存储空间的有效利用和数据的快速存取。对于大型应用，显然不能指望在一个站点上存储所有的数据，可能需要通过网络或跨盘、跨卷来分布多媒体数据。

（6）媒体种类繁多增加了媒体数据存储和处理的困难，除了固定的一些标准数据类型之外，还要考虑未知的和未来引入的媒体类型。因此需要采用面向对象的方法来存储和组织。

（7）多媒体数据具有按照空间和时间关系结构来存储和组织的能力，存储结构中包含时间和空间关系的信息，甚至导航和语义信息。这一点是常规数据的存储所不具有的。

（8）多媒体数据的版本包括某个对象在不同时间段具有不同内容的历史版本和某个对象具有各种表达形式的选择版本。在解决多版本的标识、存储、更新和存取中，都要尽可能地减少其所占用的存储空间。

从多媒体数据的基本特点出发，探讨适合多媒体数据存储和组织的一种文献存储结构，引入面向对象的对象链接和嵌入（Object Linking and Embedding，OLE）和二进制大对象（Binary Large Objects，BLCBS）思想，集成各种类型和未定义的媒体数据对象，采用宏文献的网络分布结构，构造具有以文献为中心的信息系统模式的多媒体文献。

（二）多媒体文献的结构组成

多媒体数据的存储以文献（Document，又称为文档）形式来组织。在多媒体文献中将无缝地集成各种数据对象或组件，如多媒体类型的视频、音频、图像、声音，以及格式类型的数据库表、元组，甚至是可执行的宏、小应用组件等。

多媒体文献的主体数据文件记录的是节点和链对象，对应于超文本参考模型 Dexter 的存储层。节点描述多媒体数据对象，链描述多媒体数据对象之间的导航和时空关系。格式化数据表示格式化的电子表格、关系型数据库中的表和元组对象等。非格式化数据即为多媒体数据。格式化数据、非格式化数据、OLE 复合文献用于具体实现各种类型数据的存储，即对应于 Dexter 模型中的内成员层，它们描述具体的数据内容和结构。

多媒体文献中包含丰富的数据类型，操纵它的应用程序可能是一个复杂庞大的系统。过去以应用程序为中心的处理观点已不能适应多媒体对每一种数据类型都要有相应的代码和应用程序设定的发展需要，过去以应用程序为中心（单一的应用工具）的处理方式使用户忙于调用和熟悉各种应用程序，操作复杂不能集中注意力到工作中去。而以文献（档）为中心的处理是利用对象的链接和嵌入就地激活文献中具有上下文关系的数据处理应用程序，用户可以综合多种工具（组件）来完成特定的工作，即用户不用离开当前操纵的文献就可以及时处理文献中的各类多媒体数据，用户可以专注于他正处理的文献，从而提高工作效率。

因此，多媒体文献的逻辑结构设计应满足以下几个方面的要求。

第一，以文献为中心的处理原则。各种多媒体数据类型的处理可以用服务组件形式（服务器程序或组件）提供，本地主体的数据文件一般由应用程序主体来处理也可以通过激发链调用，通过扩展的组件处理。这样用户可以把精力集中到任务本身，而不会分散到用来完成任务的软件上。

第二，文献包含的数据类型（格式）可以扩展，与文献中包含的对象的内容没有关系。

第三，通过链对象可以链接外部对象，文献中只记录链，而不必保存对象数据，使主体数据文件更紧凑，并且链接的对象可以动态地更新。

第四，文献存储的对象可以同时分布在本地和网络服务器上。由于多媒体文献所包含的数据量巨大，单个或几个节点只存储少量信息。

（三）多媒体文献存储的版本考虑

使存储的数据具有版本性是协作和设计等方面的应用所需要的。实现版本的存储一般采用以下方法。

第一，记录每一个设计对象的完整版本，用版本标识（OID，VID）来对某个版本进行存取，这种方法适合于格式化数据对象。然而对于多媒体数据来说，由于数据量大，设计过程中大量不重要的甚至无用的中间版本将占用太多的存储空间。

第二，保存一个完整的版本和对同一数据对象的不同版本的差，恢复时根据完整版本和相应的差值得到某个版本。

第三，利用面向对象方法中的类层次的概括关系，即继承性来减少记录各种版本所需的存储量。把数据对象版本当作一种版本对象，版本对象具有各种表示数据对象的完备属性，只要保留一个这样的完整版本对象，其他经修改的数据对象的版本可以从完整版本对象中选择继承部分属性来得到，从而节省了存储空间。

第四，版本链方法。在数据对象中记录版本链，当用户激发版本链时，系统根据条件来调用相应的（服务）组件显示不同版本的数据。

五、非格式化多媒体数据的存储

非格式化多媒体数据的存储中，在磁盘操作系统出现之前，应用程序必须通过磁盘控制器发送命令直接把永久数据写到磁盘上。应用程序负责管理数据时，不仅在磁盘上有绝对位置，还要小心是否覆盖了已存在的数据。随着计算机系统的发展，出现了磁盘操作系统，它为应用程序提供各种服务，包括管理永久数据的文件系统。有了文件系统，应用程序不再直接管理物理存储介质，而是简单地告诉文件系统把数据块写在磁盘上，让文件系统去做具体的操作。文件系统还允许用户产生分层数据存储结构，即目录结构。

文件系统提供了应用程序与磁盘之间的单级存取关系，结果是每个应用程序把文件看成是磁盘上单个连续的字节流。现在，所有系统的访问接入点（Access Point,AP）都可以为应用程序提供输入和输出功能，以对平面文件进行读写操作。一般情况下，这些应用程序接口（Application Program Interface,API）已经足够了。

然而对于数据量较大的多媒体数据项或多媒体对象来说，在单个平面文件中进行存储多个大型数据项就不再有效了。这要求在单个文件的概念框架之内来考虑多个多媒体数据项的存储。即使用常规的平面文件方法存储分离的多个对象，但某个对象大小增加时，只是简单地添加对象时，就需要把整个文件装入内存中，插入新对象，然后保存整个文件，而这个过程是极其费时的。

因此需要在单级存取关系上再增加一个层次，即二级存取关系。这里采用变长记录（VLR）存取结构，其最高发展阶段是文件中的文件系统。由于多媒体数据是不定长的，所以用一个变长记录存储。一个变长记录作为多个数据块的单链表存储。变长记录由索引记录的索引项来寻址。

由于多媒体数据量巨大，随着库容量的增加，原来的物理盘可能存储不下增长的数据。解决的办法是延续库的存储，把增加的数据存在另一个磁盘上。虽然数据存储在分离的多个项中，而从逻辑上看，库是一个整体，即实现逻辑域位于多个逻辑磁盘设备上。通过对媒体项索引的换算，从逻辑卷索引文件中定位实际库所在位置，然后再由库内部索引来存取媒体数据项。

六、宏文献结构

为了存储和组织管理数据量巨大的多媒体文献以及充分利用分布的信息资源这里引入了宏文献（Macro Document），即对文献进行分层。宏文献是文献的文献，一个宏文献由多个子文献构成，子文献又可以由多个子–子文献构成。每个子文献可以分在网络节点上，通过宏文献的基本链和交叉索引链联系。宏文献基本表示文献之间的层次结构，宏文献的交叉索引链构成文献间任意关联的网络结构。

宏链是连接多个文献存储体的"绳索"。链可以是一个参考引用标识符，存储在一个数据对象中，以某个特征属性表示。这个链接指示符以统一的格式定义：

〈参考链〉= 主机名，文献名，节点名，锚定点标识符

其中主机名是网络服务器名，文献名为位于该服务器上的某个文献的名字。内容和关联可以定位到文献内部节点或节点内的锚定点。

第四节　文献信息的查询与有效查询

人们在日常生活和工作中，总会遇到一些诱发其信息搜寻行为的情形，这些情形触动的信息搜寻行为的目的是获得其需要的信息。为此，在很多时候，信息搜寻者需要首先确认是否存在与其需要相关的信息，存在哪些相关信息，相关信息有哪些记载（即文献），这些记载存在于何处，通过哪些渠道可以获得。解答这些问题的活动就构成了信息搜寻行为中的查询行为。虽然在现实中，信息查询行为与其他信息行为，如人际交流、信息偶遇、信息获取和利用等经常相互交织，但信息查询过程确有自己独立的问题，需要图书情报为其提供专门的理论与技术支撑。

一、信息查询过程

信息查询过程就是信息用户利用特定信息系统，在给定的信息集合中查找、识别、选择与特定需求相关的信息的过程，也称信息检索（Information Retrieval）。这个过程涉及下列要素：①特定的信息系统（如大学图书馆目录、CNKI 数据库）；②已知的信息集合（如大学的馆藏、中文学术期刊论文）；③特定的信息需求；④将信息集合中的信息与需求进行比较、匹配的技术。

一个单元的信息查询行为，即一个查询过程，是指针对一项需求与系统开展的一次交互。图 3-1 所示就是利用书目信息检索系统查询信息的一个单元的过程。书目信息检索系统是汇集某个领域的二次文献信息的信息检索系统，用于检索相关文献信息线索。图书馆目录就是一个典型的书目信息检索系统。

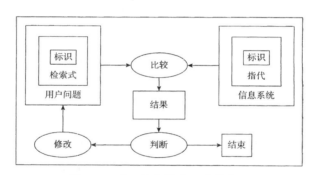

图 3-1　书目信息检索系统查询图

如图 3-1 所示，在这样的信息检索系统中，文献的属性（包括其记载的信息的属性和物理载体的属性）事先都经过描述，每个属性的描述形成了该属性的标识，一份文献的所有标识共同构成该文献的指代，将所有文献的指代组织起来，就构成书目信息检索系统。查询行为发生时，用户首先需要把诱发其查询行为的问题转化成短的需求表达式（信息检索研究称为检索式或检索策略）并输入系统，系统将需求表达式与文献属性标识进行比较，把属性标识中含有需求表达式的文献指代挑选出来加以输出显示，用户浏览输出结果，判断被指代文献与需求的相关性。如果用户对结果感到满意，他就会结束此项查询；如果不满意，则修改检索策略继续查询。

因此，一个单元的信息查询过程至少要支持信息用户完成以下任务：①查找（Find），即寻找满足需要的信息；②识别（Identify），即确定找出的信息是否满足需要并对其加以区分；③选择（Select），选出合适的信息；④获取（Obtain），得到获取信息的线索，以便进一步获取信息。

二、信息与需求的相关性

简单地说，相关性指信息与用户需求之间的关系。在很多场合（如对信息查询结果进行评价时），我们会把二者的关系表达为"匹配"或"不匹配"。也就是说，如果把信息与需求之间的关系即相关性看成一个变量，该变量的值就是"匹配"或"不匹配"。例如，假定一个用户为了满足特定的信息需求，在特定的书目信息检索系统中查询文献,查询的结果是得到6篇可能相关的文献。经进一步阅读发现，文献1、2、3、5的内容与需求匹配，文献4、6的内容不匹配。当我们做出这样的判断时，我们就已经判断了这6篇文献与用户需求的关系，即判断了它们的相关性。匹配者为相关文献，不匹配者为非相关文献。

这个过于简约的定义虽然有助于初次接触相关性概念的人理解其含义，却掩盖了这个概念的高度复杂性。事实上，相关性被认为是图书馆情报学中最复杂的概念之一。导致其复杂性的第一个原因是，相关性所涉及的关系双方——信息和需求，都存在不同层次。以需求为例，首先，信息用户的需求多产生于问题情境，因而，问题本身或者说解决问题的期望本身构成了最深层次的需求，这是实际需求。其次，用户对问题本身以及信息在其中的作用会形成认知层次的判断，从而形成信息需求感知，这是感知到的信息需求。再次，用户需要用合适的语言陈述需求，以便用户本人或他人委托的信息查询人员能够对其进行分析，这是表达的需求。最后，用户或其委托的信息查询人员需要将表达的需求浓缩为简短的表达式，以便输入检索系统，这是作为检索表达式的需求。

例如，假定有一位宗教史的学者计划在特定时期访问以色列，在拟订访问计划时，她想了解巴以冲突的最新动向，以便评估她计划访问地区的安全状况。她可能会把自己的需求表达为"当前以色列全国各地安全情况"或"当前巴以冲突新局势"而在实际检索时，她可能把自己的需求表达为"巴以冲突""中东局势"或"巴勒斯坦与以色列"。信息与需求的匹配可以在上述各个层次发生。究竟哪个层次的关系代表信息与需求的相关性？在图书馆与情报学界，这是一个充满争议的问题。在争议没有答案的时候，任何对相关性概念的实际应用（如利用这个概念评估检索系统的性能），都需要对"匹配"和"不匹配"做出操作化定义。根据需求的不同层次，我们至少可以有以下"匹配"或"不匹配"的操作化定义，操作化定义不同，最后得出的结果也会不同：

第一种：信息与检索表达式匹配。

第二种：信息与表达的需求匹配。

第三种：信息与感知到的需求匹配。

第四种：信息与产生需求的问题（实际需求）匹配。

相关性概念之所以高度复杂的第二个原因是，对"匹配"或"不匹配"的判断可以来自不同方面。例如，在评估信息检索的效果时，"匹配"或"不匹配"的判断可以来自检索系统的开发者、信息用户或第三方（如研究人员）。判断者不同，影响其判断的因素也不同，得到的结果也就不同。例如，与第三方的判断相比，用户本人做出的判断会受到更多情境因素的影响，包括他在判断时的知识结构、认知能力，甚至情绪。因此，相关性概念中涉及的信息与需求关系，究竟应该以谁的判断为准，这也是图书馆与情报学界富于争议的问题。早期对信息检索系统性能的评价主要由研究者根据一些普遍标准做出判断，但这样的判断在20世纪70年代以后经常因忽略用户需求的情境因素而遭受批评。20世纪70年代以后，随着用户中心论逐渐主导图书馆情报学界的研究视角，基于用户判断的相关性，也有学者称之为情形相关性，这种应用越来越广。20世纪90年代末，北欧学者赫约兰德（B.H.Jorland）还提出了基于领域的判断。赫约兰德认为，判断信息与需求之间相关性的合理依据是领域因素，包括领域的本体论因素（对象因素）、认识论因素（知识体系、研究方法）及社会因素（人员构成）。因而，相关性的判断标准可以因领域而变，但在同一领域，不应因个体用户而变。例如，一份有关转基因食品安全问题的作品，对于农业科技领域的食品安全研究者和医学领域的食品安全研究者而言，可能具有不同的相关性，但对于农业科技领域或医学领域内部的不同研究者而言，其相关性应该是一致的。

三、信息有效查询

如前所述，信息查询过程就是用户因为特定的需求与特定信息检索系统的交互过程。一个信息查询过程就是用户为了一项需求与一个特定系统而进行的一次交互。在一个单元的信息搜寻行为中，用户往往需要穿插很多信息查询过程，即利用多个系统，开展多次查询。

单个信息查询过程的理想效果，借用印度图书馆学家阮冈纳赞的图书馆学五法则来表达，就是"在节省读者时间的前提下保证每位读者有其书，每本书有其读者"或"每位读者有且只有与其相关的图书，每本书有且只有与其相关的读者"。借用相关性概念来表达，则为"检索出所有相关文献，同时不检出非相关文献"。由于现实中的信息查询很难同时做到"检索出所有相关文献"和"不检出非相关文献"，因为这两个目标至少在一定程度上相左，因此说这只是一种理想结果。

图书馆情报学通常采用查全率和查准率两个指标，评估单个信息查询过程的实际效果。查全率指在特定检索过程中，从系统中检出的相关文献数占系统中包含的所有相关文献数量的比例；查准率指在特定信息检索过程中，检索结果中符合要求的条目数占结果总条目数的比例。这两个指标的计算公式如下：

查全率（R）=（检出的相关文献数/系统中的相关文献总数）×100%

查准率（P）=（检出的相关文献数/检出文献总数）×100%

借用查全率和查准率的概念，我们也可以说，对特定的查询过程而言，有效查询就是取得高查全率和高查准率的查询。

由于一个单元的信息搜寻行为中往往包含多个信息查询过程，每个单项查询结果甚至多个单项查询结果之和都不能反映整个信息搜寻行为的查询效果，即无法反映用户需求最终得到满足的情况。例如，假定一位研究者当前面临的任务是为某个课题撰写相关文献综述。为了完成这一任务，他显然需要登录很多系统，实施很多信息查询过程。其中任何查询过程的查全率和查准率都是相对于特定系统的信息集合而言的，而不是相对于他的文献综述需要而言的，因而无法反映其信息搜寻行为的整体查询效果。再假定该研究者的信息环境中没有外文数据库使用授权，导致他只能利用中文检索系统进行查询。在这种情况下，即使他所有的单项查询过程都得到了较高的查全率和查准率，也不能说明他整体上实现了有效查询。

除了检索系统的性能外，影响信息搜寻行为的整体查询效果的因素还有很多。例如，已有相关信息是否都得到了有效的组织整理并形成了可用的信息检索系统，已有的信息检索系统是否在用户可及的范围之内，用户是否具有查询已有系统的能力，是否能得到图书馆信息专业人员的查询帮助，各个分布式的独立检索系统是否可以进行"一站式"或跨库检索等。

从直观上说，对一项信息搜寻行为而言，有效查询就是指用最少数量的查询过程，最少的查询时间，查出现存所有与其需要相匹配的信息。在数字化时代，支持用户用同一检索式针对多个数据库实施跨库查询的图书馆，更有可能保障有效查询。

目前存在的大多数信息查询效果评估技术都是针对单个信息查询过程，主要用于评估特定信息检索系统的性能。针对特定信息搜寻行为的整体查询效果的研究很少，其影响因素及评估技术都有待进一步研究。

四、信息有效查询的困难

（一）信息增长导致的查询困难

任何事物只有达到一定的规模，其查询才会成为难题。人类的信息生产能力伴随文字、造纸技术、印刷技术、光学技术、无线电技术、电子计算机技术、网络技术的发明而不断增长。累积的信息量越大，信息查询的难度就越大。在科学交流系统内，以交流知识为宗旨的信息生产量至 20 世纪上半叶就已经呈现出指数增长趋势。以世界科学交流系统的连续出版物为例，1951 年为 10000 种，2017 年增长到 185343 种。

与科学研究信息相比，其他信息的增长速度更是惊人。知识的创新需要依赖丰富的经验数据和可靠的理性分析。如论文稿件，需经过严格的同行评审，在有些学科，主要期刊的稿件拒绝率可高达 90%，所有这些都在一定程度上制约着此类信息的增长速度。而其他信息则不同，它们较少受到社会建立的质量控制系统的审核，其生产和交流过程都比科学研究信息受到更少的限制，其增长速度也因此受到较小制约。19 世纪末以来，现代信息技术的进步更是极大地刺激了信息的生产，形成了信息的爆炸性增长。要从如此增长的信息中查询出与特定需求相匹配的信息，其难度可想而知。

（二）信息离散性导致的查询困难

导致信息查询困难的第二个原因在于人类生产的信息天然具有离散性，若不加以组织整理，任何人需要的任何信息都可能分散在不为人知的任何信息源里。

导致信息分散无序的首要因素是其生产和传播过程的离散性。在科学交流系统内，从事信息创作的知识分子队伍和从事文献生产的出版队伍构成了庞大、复杂的文献生产分工。每个作者创作的内容以及选择的出版渠道或发表的成果，对其他人而言几乎不可预期，出版商生产的产品也因此具有极大的随机性。其结果就是相关作品的高度离散。早在 20 世纪 30 年代，著名文献学家塞缪尔·克莱门特·布拉德福（Samuel Clement Bradford）就发现，一个学科的学术论文总是相对集中在少数的专业期刊，即核心期刊中，而另一些论文则分散在数量较多的相关或边缘期刊上。显然，若不对相关作品进行人为的聚合和揭示，其离散现象必然给信息的查询带来困难。

导致信息分散和无序的第二个因素是其载体的多样性。由于存在着从印刷式到声像型再到数字化多种载体，内容相同或相关的信息经常采用不同的载体以满足不同用户的需要。这些不同的载体往往具有不同的生产渠道、销售渠道、传播渠道，造成内容相同或相关但载体不同的文献的分散。若不加以特别组织，并通过特殊工具来揭示它们的内在联系，这种分散性也可能给相关内容的查询造成困难。

（三）语言歧义性带来的查询困难

信息是数据和意义的结合，现有大多数信息产生于人类编辑数据以表达意义的活动。在这个过程中，我们经常用相同的语言材料表达不同的意义，如用"苹果"表达一种水果和一种信息技术品牌，或用不同的语言材料表达相同的意义，如用"数字图书馆"和"电子图书馆"表达同样的信息查询和获取平台，这就难免造成数据与意义关系的歧义性和模糊性。这种歧义性和模糊性的结果，就是信息创作者和需求者经常无法避免各说各话。这样一来，当信息需求者在未经组织整理的信息交流平台或渠道，如互联网、书店上查询信息的时候，就难免遗漏相关信息或得到不相关信息。例如，在未经任何组织整理的互联网上，如果用"电子图书馆"进行查询，就可能遗漏用"数字图书馆"为题的文献，而用"数字图书馆"查询，则可能遗漏以"电子图书馆"或"虚拟图书馆"为题的文献。

（四）信息交流的主观性带来的查询困难

信息作为数据和意义的结合体，其交流过程归根结底是人们通过辨识其数据理解其意义的过程。特定交流过程只有在达成意义理解之后才算完成。尽管任何理解都有其客观基础（作者创作的蕴含于数据中的意义），但理解是意识层面的活动，具有主观性，受到信息接收者原有知识结构、经验、价值观等影响。因此，对于任何信息查询行为而言，并非字面上相关的所有信息都会被查询者判断为相关。例如，对于关心雾霾如何影响健康的普通民众而言，过于专深的医学及环境科学信息就很可能超出其理解能力。这类信息无论与雾霾及健康主题多么相关，呈现给普通民众时都可能被当作"噪声"，甚至形成信息超载。在图书馆情报学的主观主义立场看来，不能被理解的信息根本不能被认定为相关信息，甚至不能被认定为信息。从信息有效查询的角度看，这意味着它们根本不应该被查出。但如何根据不同检索者的主观特征来检出和屏蔽意义相同的信息，这显然需要非常复杂的匹配过程。

五、保障信息有效查询

如前所述，对任何个人的任何信息需求而言，信息查询都是要在海量、离散、混乱的信息世界里找到与自己的需求相匹配的信息。如果不借助任何查询工具和手段，这将是一个不可想象的任务。因此，当信息增长到一定规模，社会就需要为其成员的信息查询提供一定的保障机制。所谓保障信息有效查询就是指由专门的社会分工对信息进行组织整理，形成描述信息及其载体的指代。以信息及其载体的指代为基本元素，形成信息查询工具。在必要的情况下，辅助社会成员有效使用这些查询工具。

保障信息有效查询是图书情报由来已久的使命。这一使命不仅要保证所有的查询过程都达到满意的查全率和查准率，而且要保证人类产生的所有有用信息都被纳入这样或那样的检索系统，成为可查询或可发现的信息，按照阮冈纳赞的表述，就是实现"每本书有其读者"。

六、保障信息有效查询的相关方法

（一）分类法

1. 分类的含义

分类方法指图书情报对人类知识体系进行系统划分，并根据由此建立的知识体系和其他原则，类分具体作品的方法。从根本上说，图书情报的知识分类体系与其他情境下的知识分类体系，如哲学上的知识分类、大学系科设置中的知识分类并无本质区别，它们都是根据特定标准将全部人类知识划分为结构化体系的方法。但与一般知识分类不同的是，图书馆信息的知识分类除了考虑知识领域之间的内在联系外，还必须同时考虑其载体，即文献的特征。首先，它必须考虑文献实体的物理空间性，保证在任何时候一份文献在空间上只归于一处，不管它的内容跨越几个学科。其次，它要考虑各知识领域文献生产的实际状况（如文献多寡），并根据文献生产的实际情况设置知识类目（有些需要相对细致的类目，有些则需要相对粗略的类目）。在图书馆情报学中，这种根据文献生产的实际情况设置类目的原则被称为文献保障原则。再次，它还要考虑文献的形式特征，既要集中相同内容的文献，又要区分不同形式的文献。例如，在同一学科之内，将参考工具书与专著区分开来。最后，它还要考虑文献实体分类排架的需要，尽可能保持体系的稳定，避免因体系调整造成文献实体的重新分类和重新排架。所以，从一定意义上说，图书情报的知识分类比一般知识分类更加复杂。

2. 图书情报中相关的分类理论

图书馆是最早对人类知识进行分类的机构。相传古埃及的亚历山大图书馆曾根据文献内容将知识分为近十个大类，同类文献再按作者名称字顺排列。在我国汉代进行的文献整理工作中，刘向、刘歆父子曾将知识分为七大类，包括辑略、六艺略、诸子略、诗赋略、兵书略、术数略和方技略。这些早期的知识分类大都根据已有文献设置类目，是文献保障原则的不自觉应用。中世纪时的大学图书馆，有时也根据大学的课程设置来划分知识类别和组织文献。16 世纪以后，图书馆界开始出现一些比较复杂的知识分类体系。从 19 世纪末到 20 世纪，这种复杂而系统的分类体系日趋成熟，出现了一些对图书馆职业乃至整个人类文明产生重大影响的分类方法，如《杜威十进分类法》《国际十进分类法》《冒号分类法》以及《中国图书馆分类法》等。

《杜威十进分类法》（Dewey Decimal Classification，DDC），由美国图书馆学家麦维尔·杜威（Melvil Dewey）编制，初版于 1876 年。该分类体系将全部人类知识分为十大类，包括总论、哲学、宗教、社会科学、语言、自然科学和数学、技术、艺术、文学和修辞、地理和历史，每大类再划分成若干子类，子类之下再按学科等级层层细分。所有类目都被赋予特定的号码，以 000—900 分别表示十个大类，如总论为 000、哲学为 100。各级子类号码的数值必位于其上位类号码的数值范围以内，以此表示隶属关系。例如，500 代表自然科学与数学；520 代表天文学；523 代表特别天体与现象。在 523 等同级类目之后，杜威用小数点表示进一步的细分，如 523.4 代表行星；523.41 代表水星。如此细分，就形成一个层层递进的等级制分类体系。根据这一体系，图书馆可以将浩如烟海、纷繁复杂、不断增长的文献分门别类地组织成线性序列，大大简化了图书的整理和查找，提高了图书的查询效率。《杜威十进分类法》出版后，很快就广为流传，目前已有 130 多个国家的图书馆采用。

《国际十进分类法》（UDC）由 19 世纪比利时文献学家保罗·奥特勒（Paul Otlet）和亨利·拉方丹（Henri laFontaine）发起编制，以 1885 年版《杜威十进分类法》为基础。与《杜威十进分类法》相比，UDC 采用多种辅助标记符号，如语言辅助标记、形式辅助标记、地名辅助标记、时间辅助标记、属性辅助标记、材料辅助标记等。根据这一体系类分作品时，可以将辅助符号加在主要分类号后，更灵活地组配成新的标识。

《冒号分类法》由印度图书馆学家阮冈纳赞编制于 20 世纪 30 年代。其基本特征是采用分面分析法和分面标记法。所谓分面分析法是将人类知识分成若干侧面，如本体、物质、能量、空间、时间，每一侧面再分成若干焦点。在对作品进行分类时，图书馆员可以将作品所讨论的焦点的符号组配起来，以此表达完整的作品内容。

《中国图书馆分类法》（原名《中国图书馆图书分类法》）由 20 世纪 70 年代的北京图书馆（今中国国家图书馆）倡议，由全国 36 家单位共同编制，初版于 1975 年。整个分类体系包括 5 大部类，22 个大类。所有类目均由字母和数字组成的混合类号表示。

3. 用分类法揭示作品的学科领域

在采用分类法描述作品的学科领域属性时，图书馆信息专业人员首先要分析作品的意义，再根据作品内容对照选用分类法，将作品归入分类体系的适当位置，然后将标志这一位置的类号赋予该作品，由此形成对该作品的分类描述，即学科领域措述。

4. 分类法在保障信息有效查询中的作用

分类法对于保障信息有效查询发挥着多项作用。它的第一个作用是提供描述作品"领域"属性的语言，即分类语言，形成标记作品的领域属性的标识，以便人们能够利用该标识，针对作品的学科领域查询相关信息。自19世纪末以来，这种分类语言一般都采用分类号的形式。分类号是独立于自然语言的人工语言，因而可以被不同语言的使用者及不同语言的检索软件所解读。例如，一个了解《杜威十进分类法》的用户，即使不懂英文，也能判断一份标有520分类号的英文文献的大致内容。同样的，一个跨语言检索系统，即使不具备翻译功能，也能断定一份标有520分类号的英文文献和一份标有P1《中国图书馆分类法》分类号的中文文献是相关文献。

分类法的第二个基本用途是为组织实体文献或网上信息提供架构，支撑浏览式的信息查询。当它被用来组织实体文献时，它可以将图书馆或其他机构收集的文献排列成线性序列。这样的序列至少可以从两个方面辅助信息的查找。首先，它可以帮助用户从文献集合中快捷地找到已知文献的位置。假定一个用户需要从一个200万册、按《中国图书馆分类法》组织的馆藏中找到史学家范文澜的《中国通史》，他只需找到历史学（K类）文献的位置，再找到中国历史类就可以比较快地找到所需文献了。对于熟悉这一分类体系的用户来说，这个过程只需很短的时间。其次，按分类体系排列的文献集合还有助于用户发现与其需求相关的未知文献。例如，在查找范文澜《中国通史》的时候，用户会发现位于该书周围的、讨论同样内容的著作，这就可能将用户的注意力从范文澜的《中国通史》扩展到其他相关著作。很多研究都发现，这种按类浏览以期发现有用信息的方法是用户常用的信息查询方法，特别适用于那些相对模糊的信息查询需求。当它被用于组织网上虚拟文献时，它可以为用户提供一个有序浏览架构，发挥类似于实体文献序列的辅助查询功能。20 世纪 90 年代以来，互联网上的很多检索工具都采用这种方法，其中很多系统选用成熟的图书馆分类法作为分类依据，但也有一些系统采用自编分类法。

（二）标引法

1. 标引的含义

标引就是采用图书情报的特殊语言（信息检索语言）对作品的主题进行标识，以便人们能够针对主题查询相关信息并判断信息相关性。

2. 标引语言

图书情报用来表达作品主题的语言与自然语言有共同之处。它们也以词汇为基本材料，而且大多数词汇都选自自然语言，词汇的语义也以它们在自然语言中的语义为依据，因而信息检索语言中的词汇无论外形还是语义，都与自然语言中的词汇相似。但是，与一般自然语言不同，信息检索语言较少使用句法。所以，对于特定的作品内容，图书情报做出的描述通常是一组特别选择的词汇或短语，而不是一组句子。20 世纪 60-70 年代，很多机构采用计算机辅助编制印刷式索引，为了保证由此形成的描述具有明确、专指的含义，这段时间出现的一些信息检索语言，如保持上下文索引语言（PRECIS）曾大量采用句法要素，严格规定不同词汇的结构和次序。但即使在这样的情况下，信息检索语言的句法数量和复杂程度也无法与自然语言的句法相比。信息检索语言与自然语言的另一个重要区别在于大多数信息检索语言者对它们选择的词汇和语义进行规范化处理，以消除自然语言中的模糊和歧义现象。这包括明确限定不同词型（如英文中的 child 和 children）、词义（如英文中同时指代火鸡和土耳其的词 Turkey）和词间关系（如扎根理论方法与定性研究方法）的表达方式。

根据信息检索语言对其词汇和语义的规范化程度，可以将其分为自然语言和受控语言。自然语言指按作者选用的词汇及其语义，从文献中择取反映作品主题的词汇或短语，不经规范化处理，直接用来描述作品主题的语目。关键词语言就是图书情报采用的比较典型的自然语言。由于不需要对词型和词义进行规范化处理，用自然语言进行的信息描述不仅速度快、效率高，而且比较容易实现自动化。因此，20 世纪中叶以来，自然语言描述方法在信息的组织整理中应用非常广泛。

　　然而，自然语言的最大局限是它的歧义性和模糊性。自然语言中的绝大多数词汇都具有不同的语义，可以指代不同的事物。同样，现实中的很多事物也可能具有不同的称谓。在信息查询过程中，这种歧义性和模糊性意味着不同作者之间、用户与作者之间都可能出现词汇选择的分歧。如果不对这种歧义性加以控制，用户就可能因一词多义查出无关文献，或因一义多词或一词多型而漏检相关文献。例如，用英语查询有关土耳其（Turkey）的信息，可能得到大量有关火鸡（Tunkey）的信息；用"印度尼西亚"查询有关这个国家的信息，可能遗漏那些使用简称"印尼"的文献；用"互联网"查询相关信息，可能遗漏使用"Internet"或"因特网"的文献。互联网上的很多搜索引擎都使用自然语言描述法，检索效果经常令人失望。

　　受控语言指采用经过规范化处理的词汇及语义描述作品主题的语言，受控语言的规范化包括若干方面。首先要规范词汇的词型，如规范全称及简称，单数词型及复数词型的合法用法等；其次要规范同义词和同型异义词，使每个选用的词汇都具有确切无误的含义；最后要对词汇在语义中的位置进行揭示，显示每个词汇与其他词汇的上下隶属关系和相关关系。图书情报采用的受控语言通常都以受控词表（Controlled Vocabulary）的方式固定下来，作为图书馆信息专业人员描述作品主题时的依据。

　　按词汇形式，受控语言又可分为标题语言和叙词语言等。标题语言是从通用自然语言中选择比较定型的词、词组或短语，并对这些词、词组或短语进行词型和语义的规范化处理而形成。对标题语言进行控制的工具称为标题表。目前，国际上较有影响的标题表包括美国的《国会图书馆标题表》、美国国立医学图书馆的《医学标题表》等。《国会图书馆标题表》是美国国会图书馆为了组织自己的馆藏资源于 20 世纪初编制的。该标题表收录的标题涵盖所有学科领域，标题类型包括单一名词或术语、带形容词的名词、带介词的词组、复合词组或连词词组、短语或短句。叙词语言是从自然语言中选取词或词组，对这些词或词组进行规范化处理，并通过这些词或词组之间的组配来描述作品主题的信息检索语言。对叙词语言进行规范化处理的工具称为叙词表。《汉语主题词表》是我国编制的一部大型综合性叙词表。该表编制于 20 世纪 70 年代，由当时的中国科学技术情报研究所和北京图书馆（今中国国家图书馆）组织和主持编制，自 1980 年出版以来，始终是我国图书情报描述信息主题的重要工具。

在利用标题或叙词语言描述作品主题时，图书馆信息专业人员首先要分析作品主题，再对照标题表或叙词表中的标题词或叙词，将适当的标题词或叙词赋予被描述的作品。

3. 标引在保障信息有效查询中的作用

由于标引过程已经根据每份作品的意义，将最能表达其主题的合法词汇赋予它作为主题标识，这样在查询过程中，系统就可以通过比较这些标识与用户输入的检索词，检索出与需求相关的信息。因此，标引在保障信息查询中的基本作用就是提供针对信息主题属性进行查询的途径。

（三）著录法

1. 著录的含义

大多数信息都需要记录下来才能传递传播，而一旦记录下来，信息就与载体合成为文献。这意味着在大多数时候，我们还需要标记信息载体的属性，如文献的出版者、出版时间、出版地、文献题名、文献长度、印刷式文献的尺寸、网络文献的网址等。对学科及主题之外的其他文献属性进行标识，并将所有标识合成的作品及文献指代的技术，称作著录。

2. 著录的方法

为了帮助用户准确地检索、识别、选择和获取文献，所有属性的标识都需做到规范、系统、一致。不一致的描述将导致信息查询困难。例如，作品《红楼梦》有时被描述为《红楼梦》，有时被描述为《石头记》，用户用其中一个题名就无法查到该作品的所有文献。同样，如果作者苏东坡有时被描述为苏东坡，有时被描述为苏轼，用户也无法用其中一个名字查到该作者的所有文献。

著录过程采用的规范化工具称作"编目规则"或"文献著录条例"。著录条例主要从以下几个方面对文献描述进行规范。首先，它规定着一份文献指代应该包括的事项，即著录事项，如作者、题名、学科领域、主题，出版者等；其次，它规定着每个事项应该采用的形式，如作者真名和笔名的选用、作品不同题名的选用、出版商全称与简称的选用等，这相当于信息检索语言中的词型控制；再次，著录条例规定着对被选用的事项名称进行限定的方法，例如，在作者名称后加注释，使用户确知常用名称的确切所指，如"Smith, John,

1950–"和"Smith，John，1930–"等，这相当于信息检索语言中的语义控制；最后，著录条例规定着著录事项之间的结构和次序，如作者和题名的先后次序，作者的姓和名的先后次序，这相当于信息检索语言中的句法控制。

目前，在世界范围较有影响的文献著录条例有《国际标准书目著录》(ISBD)、《英美编目条例第二版》(AACR2)等。《国际标准书目著录》是国际图联(IFLA)于 20 世纪 70 年代主持制定的一套对各类文献进行著录的国际标准，其目的是促进书目数据的共享。全套共包含 10 种标准，分别针对 10 种文献类型。《英美编目条例》由英国、美国、加拿大三国图书馆协会协商制定，1967 年出版第一版，1978 年出版第二版。第二版条例对第一版进行了较大的修改，并改称 AACR2。首先，AACR2 规定了各类著录事项的选用规则、事项的限定方法、事项次序；其次，规定了这些规则在描述不同载体类型，如图书、小册子、地图时的操作方法；最后，还规定了检索点的选取与构成。自 21 世纪初以来，由于数字化文献的迅速增长，信息组织整理技术已经出现了显著变革。在这场变革中，意在取代 AACR2 的新著录标准已经出现，这个新的标准被称为资源描述与检索(Resource Description and Access，RDA)。我国图书馆界应用比较广泛的文献著录工具是 1996 年发布的《中国文献编目规则》(第 2 版)。该规则规定了普通图书、标准文献、科技报告、学位论文、古籍、金石拓片、地图资料、乐谱、录音资料、影像资料、静画资料、连续出版物、缩微资料、计算机文档等 14 种文献类型的著录法。

3. 著录在保障信息有效查询中的作用

著录的过程不仅要补充描述作品意义之外的其他属性，而且要将分类、标引和著录过程中得到的所有标识合成为完整的文献指代，因此，它在保障信息有效查询的过程中发挥多方面作用。首先，它使针对意义之外的其他属性的查询成为可能，如针对作者、题名、出版者的查询；其次，它使用户在查询过程中可以通过阅读整条指代，判断文献相关性，并最终对文献做出选择。

(四)编码法

1. 信息组织整理活动中编码的含义

信息组织整理中的编码是指将描述作品意义属性和其他属性的标识转换为计算机可以识别、接收和处理的代码，帮助计算机判断标识对应的属性。

20世纪40年代出现的穿孔卡片技术，可以说是编码技术应用于信息组织整理的雏形。这一技术的原理是在卡片的边缘打上圆形孔洞，每个孔洞代表特定的主题。在信息组织整理过程中，一旦确定了特定文献的主题，就把其对应的圆形孔洞打成豁口，同时把其书目信息记录在卡片的中间位置。在信息查询过程中，如果某用户对特定主题的文献感兴趣，他只需将一个针型物穿过代表该主题的孔洞，打着豁口的卡片就会掉落下来，掉落下来的卡片上记录的文献，就成为与其需求匹配的文献。20世纪50年代以后，随着计算机技术的发展，这种编码技术很快便被适用于计算机的编码技术所取代。

2. 当代信息组织整理的编码技术

（1）机读目录编码技术

20世纪60年代，继穿孔卡片技术之后，图书情报又研制出了运用计算机编制图书馆目录的编码技术——机读目录（Machine Readale Catalog，MARC）格式。这是一种以编码形式按特定结构将作品及其载体属性的标识记录在计算机存储介质上，并以此为基础形成作品及文献指代（也称书目记录）的格式。它是当代图书馆用户十分熟悉的联机公共目录的幕后形态。

世界上最早的机读目录是美国国会图书馆于20世纪60年代末研制的美国国家标准的机读目录格式（USMARC）。在USMARC问世后，世界上许多国家都根据USMARC技术制定了本国的机读目录格式。20世纪70年代中期，我国开始使用USMARC技术。20世纪70年代末，开始引进美国国会图书馆MARC磁带。1986年，北京图书馆（今中国国家图书馆）制定了《中国机读目录通信格式》，开始了我国机读目录的生产和应用。

机读目录格式通常用三位十进制数字组成的标识符来区分作品或载体属性（如100表示作者），这些标识符加上其他的指示符号（如不同标识的间隔符号）就构成了机读目录的编码系统。在向计算机输入作品和载体属性标识（如曹雪芹）的时候，只要把相应的标识符赋予每项标识，计算机就可以分辨标识的性质。当用户使用联机公共目录获得一定检索结果的时候，计算机就可以根据事先确定的著录规则（如AACR2），将各项标识分别放置到合适的位置，以用户可以阅读和理解的方式加以显示。

1992年，鉴于当时的USMARC尚不能充分描述日益增长的数字化资源，来自美国国会图书馆、美国图书馆协会等机构的专家提出了在USMARC中增加"电子定位与存取"字段的建议。此项提议于1993年获得通过，将MARC的适用范围从印刷式资源扩大到数字化资源。

MARC技术对图书馆业务产生了巨大影响。它不仅实现了编目过程本身的自动化，而且为其他图书馆活动的自动化奠定了基础，文献流通、期刊管理等自动化都要求图书馆拥有一套完整、准确的机读目录。此外，机读目录的出现还为图书馆编目的合作组织提供了规范化的计算机编目格式，从联机合作编目开始，图书馆合作翻开了新的一页。合作区域日益扩大，合作内容也日益广泛。

（2）元数据编码技术

在很多文献中，元数据被定义为关于数据的数据。以作品及其载体为描述对象的元数据，事实上就是图书情报所说的书目数据或书目信息，但"元数据"一词产生于对数字化文献的组织整理，因而最初主要指数字化文献的书目数据。元数据格式就是用来规定数字化文献的描述事项，并用特定代码区分这些事项的标准，是机读目录格式在数字化环境下的延伸（原来的MARC格式在增加了处理数字化文献的相关字段后，也成为数字化环境下的元数据格式）。目前存在许多描述数字化文献的元数据格式，较有影响的包括都柏林核心集（Dublin Core）、机读目录格式（MARC）等。

都柏林核心集是由图书馆界、出版界、计算机领域、网络通信领域的专家于1995年在美国俄亥俄州都柏林共同制定的元数据格式。制定都柏林核心集的目的是寻求一套简单灵活、便于非图书馆信息专业人员使用的描述网络信息的格式。都柏林核心集涵盖的书目数据包括文献题名、著者、主题和关键词、出版者、文章的摘要或图像的内容、来源、与其他作品的关联、出版日期、作品公开发表的日期、语种、作品格式等基本内容。

如前所述，MARC原本是为纸质文献的书目信息提供编码的技术。20世纪90年代初，在增加"电子定位与存取"字段后，也适用于数字化资源的组织整理，成为数字化环境下一种重要的元数据格式。MARC比都柏林核心集复杂得多，但也严谨得多。目前，主要被图书馆信息专业人员用于组织数字化资源。

由于元数据格式是适用于数字化文献的信息组织整理技术，因而经常与数字化文献标识语言连用。数字化文献标识语言是对电子文献的内容要素、形式要素（如字体）和结构等特征进行标识，以便计算机能够辨认和适当处理这些特征的技术。目前，常用的数字化文献标识语言有标准通用标识语言（Standard Generlized Markup Language，SGML）、可扩展标识语言（Extensible Markup Language，XML）和超文本标识语言（Hyper Text Markup Language，HTML）。

3. 编码技术在保障信息有效查询中的作用

编码技术对于保障信息有效查询的基本作月就是使计算机支持的信息查询成为可能。在计算机检索系统中，编码可以帮助计算机"判断"标识对应的属性，保证计算机随后能针对用户指定的属性进行查询。在生成检索结果时，它能保证计算机将每个数据要素都置于书目记录的合适位置。图书馆联机公共目录之所以能支持用户指定检索范围，如全面检索、作者检索、主题检索，并将相关文献的书目数据按特定格式加以显示，就是因为图书馆信息专业人员已经将这些书目数据转化成计算机可以识别的代码。

第四章 不同类型的馆藏资源管理

目前图书馆的馆藏资源从信息载体来说，主要有纸质类型的馆藏资源，以图书、报纸、期刊为主。还有数字类型的馆藏资源，以数字化的电子文献和相关多媒体视听材料为主。针对这些不同类型的馆藏资源，其管理方法也是不同的，需要具体问题具体分析，具体馆藏资源具体管理。应坚持科学有效的管理方法和原则，运用新方法和新技术，实现图书馆馆藏资源的有效管理，促进图书馆本身长久化和持续化的发展。

第一节 纸质类型的馆藏资源的管理

一、纸质类型的馆藏资源的概念

纸质类型的馆藏资源是以纸质材料作为知识和信息的载体，通过人们的阅读和使用实现知识和信息的转化和传播。纸质类型的图书资源也是图书馆藏书建设的价值取向之一，在图书馆长久的历史中一直占有重要的地位。

纸质类型的馆藏资源包括图书、特种文献、期刊、报纸等大家都熟悉的印刷型文献。纸质资源具有直观性，具有一定的物理介质形态，需要相当大的空间来收藏和存放。受存储空间和经费限制，图书馆在购买时要选择具有投资和收藏价值的图书类型，因为，图书馆一旦拥有了纸质文献，就拥有了该文献的永久使用权和所有权。

纸质类型的馆藏资源的特点主要有实体性、存储性、集中性、共用性、有限性、收藏性和具有所有权和永久使用权等。

二、纸质类型的馆藏资源的存在对图书馆的意义

（一）纸质类型的馆藏资源有利于图书馆教育职能的实现

纸质类型的馆藏资源对于图书馆来说，不仅可以为读者提供阅读服务功能，还具有引导读者学习、加强素质教育的功能。图书馆经过长时间的积累与不断的改革、构建，积极完善纸质馆藏资源体系，逐渐形成了与核心素养建设相适应的特殊价值体系。在阅读过程中，深层次的书本阅读相较于网络的浅层次阅读，是无法被替代的，纸质类型的馆藏资源可以使读者更深刻地提高抽象思维以及文化积累，这对于国民综合素质的提升亦具有至关重要的作用。作为文化引导、传播的重要场所，图书馆应积极对读者的阅读习惯、兴趣肩负起引导责任，积极宣传优秀图书作品，科学引导各层次读者进行深层次的阅读。

（二）历史古籍文献的整理研究工作需要依靠纸质类型的馆藏资源

历史古籍的整理和研究工作是历史和文化传承需要去坚持做的事情，这些历史古籍因为年代久远，文献有的部分会出现残缺或者词义辨析不明的问题，甚至年代和作者的真伪情况也无法确定。只有将这些古籍文献工作梳理好了，内容无误了，才可以通过编目和数据传输变为数字化类型的资源，长期保存，并供现代读者阅读和使用。而就现实情况来说，古籍的整理和研究工作仍然是需要长期存在的，对于古籍的整理和研究工作就需要落实到每一本纸质的文献资料上，所以对历史古籍文献的整理研究工作需要图书馆保留纸质类型的馆藏资源。

（三）纸质类型的馆藏资源对于少儿群体和老年读者群体有重要意义

虽然，数字化文献在使用的便捷性和资源存储量上具有明显的优势，并且对于如今这个信息化的社会生活来说，已经变得越来越重要，几乎与人们的生活和工作密切相关。但是，使用数字化的文献资料需要掌握使用技术设备的能力，而且网络上的东西真伪有待辨别。这对于年龄比较小却又需要阅读学习的少儿来说，数字化知识形式远不如系统化的纸质类型的知识材料更适合他们的成长和学习。另外，对于老年读者来说，他们在思维上有一定的固化倾向，对数字化的新事物的接受能力有限，有的甚至还有对纸质书籍的阅读情怀。所以，对于这些读者群体来说，图书馆保留纸质类型的馆藏资源仍是必要的。

（四）纸质类型的馆藏资源有利于图书馆保存和传承历史文化

图书馆肩负着保存、传承人类文化的使命，从这一使命看纸质资源具有电子资源不可替代的作用，纸质资源也具有数字资源无法替代的"收藏"价值。因为很多种类的数字资源是付费就能用，一旦停止付费，则全部都不能用了，从收藏的角度来说较为不利，而纸质资源一旦购买，只要妥善保存就可以长期收藏。此外，纸质资源具有数字资源无法替代的其他很多特性，比如书法作品和绘画作品等，载体形态本身就具有较高的收藏价值，是数字资源无法替代的。因此，从保存和传承历史文化使命的角度看，纸质资源是图书馆不可或缺的资源。

三、纸质类型的馆藏资源在管理中面临的问题

明确了纸质资源在数字时代依然具有不可替代性的同时，也不能不正视纸质资源建设中存在的一些不可回避的问题。其中，最为突出的问题可以概括为经费问题、空间问题、人员问题。

（一）经费问题

经费问题是纸质资源建设中面临的一个非常突出的问题，数字资源的采购占据了图书馆资源购置经费的很大比重，有限的纸质资源购置经费和急剧增长的出版物数量之间具有较大的矛盾。纸质出版物的大量增长带来的结果是，单个地方图书馆不可能购买每年新出版的全部或者大部分纸质资源，只能进行有针对性地筛选，购置其中一部分纸质资源。如何使有限的经费发挥最大的作用，就成为图书馆管理者必须考虑的首要问题。

（二）空间问题

空间问题是纸质资源建设中面临的另一个非常突出的问题，有限的馆舍、定量的书架与不断增加的馆藏纸质资源之间具有较大的矛盾。相对于数字资源存储不需要多大实体空间，纸质资源收藏则需要相应的位置空间，尤其经过多年发展以后图书馆馆藏往往会超过图书馆的建设存储体量。那么，如何让有限的馆舍空间，发挥最大的收藏价值，存放下尽可能多地满足用户需求的纸质资源，就成为图书馆管理者必须考虑的另一个问题。

（三）人员问题

人员问题也是纸质资源建设中面临的一个较为突出的问题，有限的人员编

制和不断增加的需要维护的馆藏纸质资源之间具有较大的矛盾。随着馆藏纸质资源的不断增加，要保证能正常提供服务，需要不断增加人员对纸质资源进行维护，例如巡架、倒架等，这些工作需要的人员数和纸质资源的馆藏量具有较大的正相关关系。然而，一个地方图书馆的人员编制往往是有限的，如何在人员能够负荷的范围内采购适当数量的纸质资源，也是图书馆管理者应该考虑的一个问题。

四、纸质类型的馆藏资源管理的相关方法

（一）提高图书馆管理人员的专业素质

人们在进入图书馆后，接触最多的就是图书管理人员，读者对图书馆的整体认识与管理人员的沟通有较大的关系。因此，应该加强对图书馆管理人员的管理，在进行人员选拔时，必须要按照一定的管理制度进行，挑选一些具有管理经验的人员。还要定期对图书管理人员进行在馆图书信息的一些专业知识培训，使纸质类型的馆藏资源能够通过图书管理人员介绍给来馆读者，促进在馆的纸质类型图书资源的利用率。

（二）打造开放式的借阅环境

随着社会的发展，促进了信息网络化水平的提高，在对纸质图书资料进行管理的过程中，应该借助互联网的优势，将其运用到图书管理中来，促进图书馆管理服务理念的转变，加强对传统图书借阅管理模式的创新，为广大读者营造良好的阅读环境。同时，通过网络化制定的图书管理系统，可以快速查询到书籍所在的位置，能够有效地减少读者寻找目标书籍的时间，这也是提高图书馆的图书借阅服务质量的一个重要体现。

（三）广泛征求读者对图书馆服务质量的建议

要想明确当前的图书馆管理情况，需要对来访的读者进行调查，可以采用调查问卷的形式，来征求读者的建议，了解到当前图书馆管理中存在的问题，以及读者的阅读需求。图书馆可以根据读者的建议，来对图书馆当前的管理模式进行转变，实现对管理模式的创新，加入更多人性化的管理方式，来促进图书馆服务质量的提高。

（四）优化图书馆藏书体系

对于图书馆来说，藏书的主要目的不是进行图书的收藏，而是通过图书来满足读者对知识获取的需求。纸质图书资料具有藏书规模大和利用率低的情况，自身的功能没能充分发挥出来。通过对图书馆的书籍类型了解可知，其中包括教育、政治、英语、数学和工业等，书籍的种类相对较多，给图书馆的管理工作造成了较大的压力。要想优化纸质图书资料的管理方法，需要图书馆的管理人员采用调查问卷的形式，对读者的阅读感受和阅读需求进行调查，明确读者的需求，了解到了读者需求量相对较大的书籍是休闲娱乐、普及类和知识性较强类的书籍，图书馆就需要根据读者的阅读需求进行书籍的采购，以便能够更好地满足读者的阅读需求，加大对书籍的利用率。

（五）制定动态读者服务体系

动态服务体系主要是指要加强图书馆管理人员的主动性，改变传统的被动服务理念，并且要将服务理念延伸到图书管理的各个方面，促进各项环节逐步完善。另外，还需要对读者的阅读需求和服务理念做好监管工作，各项工作的开展需要结合读者的阅读需求来决定。第一，在进行图书馆数据信息采集的过程中，必须要加强图书管理人员信息采集的积极性和主动性，加强与读者的互动和交流，邀请读者参与到图书信息的采集中来，以便更好地掌握图书的主动权。第二，定期对图书借阅的情况进行系统的分析和整理，实现信息的及时反馈。根据图书的借阅量，制定出完善的图书采购计划，确保各项数据信息的高效流通。将动态读者服务体系运用到图书馆管理中来，健全互动交流的渠道，创新读者的服务理念，促进图书馆各项图书活动的顺利开展。

第二节　以古籍整理为例的纸质类型馆藏资源管理

一、"古籍"的含义

"古籍"中的"籍"在这里就是书的意思，"古籍"是古书的雅称，这是没有争议的问题。问题是什么样的东西才算书。如有人谈我国书的历史，说最早的书是刻在甲骨上的，以后的是铸在青铜器上约，这是不对的。

殷商时龟腹甲、牛肩胛骨上的文字只是占卜后刻上去的卜辞，并未构成书。商周时青铜器上的铭文即所谓"金文"是王公贵族们对铸器缘起的记述，尽管有时为了夸耀自己的功勋，文字很长，但其性质仍和后世纪歌功颂德的碑刻相近似，也不能算书。我国殷商时已开始在竹木简上写文字，《尚书》的《多士》篇里说："惟殷先人，有册有典。""册"的古文字就像两根带子缚了一排竹木简，"典"则像以手持册或将册放在几案上面。但这种典册在当时仍不是书，而只是诏令之类的文字，保存起来犹如后世之所谓档案。

到西周、春秋时，档案留下来的就更多了。西周、春秋时，人们做了不少四言诗，草拟了贵族间各种礼仪的节目单或细则。还有周人用蓍草占卦的卦辞、爻辞；春秋时诸侯国按年月日写下来的大事记，如《春秋》。这些当时都归祝官、史官们掌管。其中除大事记是后来史书的雏形外，其余的仍没有编成书，只能算档案或称之为文献。到春秋末战国初，学术文化从祝官、中官手里解放出来，孔子以及战国时的学者才把过去积累的档案文献编成《诗》《书》《礼》《易》《春秋》等教材，做哲理化的讲解。这些教材叫作"经"。讲解经的记录编写后叫作"传"或"说"，经、传、说以外的记载叫作"记"。同时，战国各个学派即后人所谓先秦诸子也有不少论著，并出现了自然科学技术方面的专著。

这些经、传、说、记和先秦诸子论著、科技专著才是我国最早的书，最早的古籍。《汉书·艺文志》所善录的最早的书也就是这一批古籍。以后收入列朝公私书目属于经、史、子、集的各种著作，在今天也当然被公认为古籍。

"古籍"一词最早见于南北朝时期的文献记载，如南朝宋诗人谢灵运《鞠歌行》有"览古籍，信伊人"之语。这里的'古籍'是从时间上来限定的，笼统地指先代典籍。

由于历史和文化的因素，今人对"古籍"概念的理解存在更多的不确定性。例如，有的以装订形式为标准，认为凡是线装书就是古籍；有的以语言形式为标准，认为凡是用古代汉语写成的书就是古籍；有的以著者时代为标准，认为凡是古人所著之书就是古籍。严格说来，这些认识都是有偏差的。首先，现存古籍虽多以线装形式存在，但线装并不是古籍唯一的装帧形式，还包括卷轴装、旋风装、经折装、蝴蝶装、包背装等。且线装书也不一定都是古代制作的，例如鲁迅、毛泽东等人的著作都出过线装书，显然不能将之归入古籍之列。其次，中国是一个统一的多民族国家，除汉族外，其他少数民族也有自己的语言文字，中华古籍不应把少数民族文献排除在外。且今人也有用古汉语创作的作品，显然也不属古籍范畴。最后，如以著者为标准，则把今天出版的新版平装本也包括进去了，而这些新版平装本与古代抄写、印刷的图书在装帧形式、文物价值、保管要求等方面不可同日而语。因此，将古人所著之书视为古籍，是一种宽泛的理解，采用的是广义的"古籍"概念。

具体研究古籍整理一般采用狭义的"古籍"概念，即以图书出版（此取"大出版"的概念，包括抄写、拓印、雕版印刷、活字印刷、套印、石印等各种图书复制方式）年代为标准。受史学界的影响，对古籍出版年代的划分曾有三种不同的主张：一是主张以鸦片战争为界，凡1840年以前出版的图书都属"古籍"；二是主张以五四运动为界，凡1919年以前出版的图书都属"古籍"。前者把清代后期出版的大量图书排除在古籍之外，后者把宣扬近代资产阶级革命和早期无产阶级革命的著作都划入"古籍"之列，均有不妥。目前学术界普遍认可的是第三种划分方法，即以辛亥革命为界，凡1911年以前出版的图书都可看作"古籍"。这种划分方法是前两种的折中，既包括了辛亥革命以前的卷轴装、旋风装、经折装、蝴蝶装、包背装、线装等各种装订形式的图书，又排除了1911年以后的古籍新版平装本；既包括了清代后期出版的图书和少数民族语言创作的古籍，又排除了今人用古代汉语写成的著作，以及宣扬近代资产阶级革命和早期无产阶级革命的图书。如国家标准《古籍著录规则》（GB/T3792，7–2009）将古籍定义为："主要指1911年以前（含1911年）在中国书写或印刷的书籍。"文化部（现为文化和旅游部）发布的《古籍定级标准》（WH/T20–2006）的定义为："古籍：中国古代书籍的简称，主要指书写或印刷于1912年以前具有中国古典装帧形式的书籍。"这两种对"古籍"的定义已为学界所普遍采用。

综上所述，古籍整理所称的"古籍"，是指1911年辛亥革命之前抄写、印刷的图书。但在实际工作中，古籍划分的界限并没有那么严格。出于保管和利用的需要，民国时期出版的一些有价值的线装书通常也被当作古籍看待。而且，"古籍"的概念是动态变化的，随着时间的推移，其年限也一定会随之下移。

二、现存古籍的数量

关于我国古籍存世的数量，有说 8 万种，还有 12 万种、15 万种、20 万种等说法。1992 年，全国古籍整理出版规划领导小组（原国务院古籍整理出版规划小组）启动《中国古籍总目》的编纂工作，国家图书馆、北京大学图书馆、上海图书馆、南京图书馆、天津图书馆、湖北省图书馆、复旦大学图书馆、中国科学院图书馆、辽宁省图书馆、山东省图书馆、浙江省图书馆等 11 家图书馆参与其事，历时 20 年完成。《中国古籍总目》著录中国（含港澳台地区）公共图书馆、学校图书馆、科研机构图书馆及博物馆等所藏汉文古籍（含少量汉文与少数民族文字合编、以汉文注释外国文字的古籍）之基本品种、主要版本及收藏信息，并采录部分海外公藏之中国稀见古籍品种，是目前收录古籍最全面的登记式书目，共收录正书名及附属书名 187000 余条，其中包括 2274 种丛书及不少同书异名的情况，如果将丛书名及同书异名剔除，不重复的单种古籍约有 18 万种。考虑到《中国古籍总目》主要由 11 家图书馆的馆藏书目汇编而成，失收漏收的应该也不少，因此说现存古籍约有 19 万种是比较切合实际情况的。据统计，新中国成立以来出版的古籍整理图书达 4 到 5 万种。其中改革开放 40 多年来出版的古籍整理图书占新中国古籍整理出版总量的近 90%，2012 年以来出版的古籍整理图书占新中国古籍整理出版总量的近 30%。

三、古籍整理的含义

通过不同方式产生的古籍，又通过不同的方式流传出去，在历经岁月沧桑之后辗转留存到今天，其内容与形式与当初的面貌可能已大相径庭，其语义和思想可能已不为人们所理解，因此非常有必要对古籍进行整理。但对于什么是古籍整理，由于历史的原因，以及不同的学科视野和现实需要，学界对它的理解和阐述并不一致。从目前来看，与古籍整理关系最为密切的学科是传统的史学、文学和新兴的图书馆学。

（一）史学视野下的古籍整理

史学家黄永年教授称："古籍整理者，是对原有的古籍作种种加工，而这些加工的目的是使古籍更便于今人以及后人阅读利用，这就是古籍整理的含义，或者可以说是古籍整理的领域。超越这个领域，如撰写讲述某种古籍的论文，以及撰写对于某种古籍的研究专著，尽管学术价值很高，也不算古籍整理而只能算古籍研究。"黄永年将古籍整理与古籍研究作了界定，认为古籍整理有别于古籍研究，它是为古籍研究服务的，而不是取而代之。他还阐述了古籍整理加工的程序和方法，具体包括：①选择底本；②影印；③校勘；④辑佚；⑤标点；⑥注释；⑦今译；⑧索引；⑨序跋；⑩附录。

四川大学古籍所刘琳教授认为："所谓古籍整理，有广义的古籍整理，有狭义的古籍整理。现在一般人把有关古籍各方面的学术工作都统统称之为古籍整理，这可以叫作广义的古籍整理。而我们所说的古籍整理是指狭义的、严格意义上的古籍整理。严格意义上的古籍整理，就是对古籍的原文进行某种形式的整理加工，以便于人们阅读与研究。比如校勘以是正文字，标点以分清句读，注释以阐明文义，翻译以通达古今，辑佚以撮拾遗文，抄纂以采其菁华等。"这里刘教授将古籍整理与一般古籍工作作了区分，前者是传统史学专指的古籍整理，强调的也是对古籍原文的加工，具体方法包括校勘、标点、注释、翻译、辑佚、抄纂等，而后者可划入广义的古籍整理范畴。

（二）文学视野下的古籍整理

河北大学文学院时永乐教授称："所谓古籍整理，就是对古籍本身进行校勘、标点、注释及今译等各种加工，使之出现新的本子，以便于今人和后人阅读利用。"

苏州大学文学院曹林娣教授也认为："整理古籍的目的就是要为研究者们提供一本最可靠的本子，尽量恢复古籍的本来面貌。古籍整理的具体手段，主要有校勘、标点、注释、今译、辑佚、索引、序跋和附录等，还有影印珍本善本图书也属于古籍整理的内容。"

以上两位学者在强调对古籍原文加工的同时，都提出了要整理出一个不同于以往古籍的新的本子，即整理本。这个版本在内容上和祖本最为接近因而是最可靠的。这种对古籍整理的理解，突出了古籍整理的目的，就是要方便读者或研究者对古籍的阅读和利用。

通过对比不难发现，史学界与文学界对古籍整理的认识大同小异，都强调古籍整理的目的是便于人们阅读和研究古籍，在整理方法上都是沿用传统的文献学方法，以恢复古籍文本原貌或帮助读者理解文本内容，体现了文史不分家的特点。

（三）图书馆学视野下的古籍整理

在图书馆学界看来，古籍整理的含义却别有不同。1982年北京大学和武汉大学合编的《图书馆古籍整理》称："图书馆古籍整理工作是对图书馆所收藏的古籍进行著录、鉴定版本、分类、典藏，向读者提供所需要的古代文献资料……一方面正确地揭示、反映、宣传图书馆中所藏的古籍，使读者迅速、准确地检索，以得到所需要的资料……另一方面，做好古籍藏书保护工作，使祖国宝贵的文化遗产得以安全、完整的保藏，使其不受损坏，而有利于长期使用。"廖延唐、曹之编著的《图书馆古籍整理》亦是将古籍著录、古籍版本、古籍分类作为古籍整理的核心内容，体现了图书馆工作的特点。

图书馆学界理解的古籍整理通常包括两个方面：一是对古籍进行分类编目，使之易于被读者检索利用；二是对古籍进行典藏，使之得以长久保存。如王世伟称："首先要区分一下图书馆古籍工作与一般意义上的古籍整理的不同，一般意义上的古籍整理所指的古籍范围比图书馆古籍工作所指的古籍范围要大得多，前者包括标点、注释、今译、校勘、辨伪、辑佚等，而后者一般不涉及以上内容。"

（四）学科融合趋势下的古籍整理

从历史的维度看古籍整理，其实是没有明显的学科分界的。西汉成帝河平三年（前26），谒者陈农求遗书于天下，由光录大夫刘向领衔的一群优秀学者开始对西汉政府所藏先秦以来的典籍进行系统整理，开创了古籍整理的一整套程序和方法，一直为后世历代学者所沿用。这套程序和方法包括确定书名及篇章、校勘文字、缮写定本、撰写叙录（《别录》）、类分图书（《七略》）等环节，其中既有文史学界一直沿用的校勘、注释和考据方法，也有今天图书馆学引以为傲的版本学、目录学和分类学方法，它们本身是融合在一起的。

近代以来，随着学科的不断发展和分化，这种相对稳定的状态发生了变化。受西学东渐的影响，中国传统学术"经、史、子、集"的基本格局被打破，许多在古代不受重视的学科却获得了新生，之前没有的"新学"也被引进了中国，其结果就是研究和利用古籍的视角越来越多元化。而从不同的学科视角出发，人们对古籍价值属性的需求是不同的，古籍整理的对象、手段和基本要求也有所区别，这就导致了人们对古籍整理含义理解的差异。

然而，当今学科的发展总体呈现出交叉和融合的趋势，学科的界限越来越模糊。图书馆学界与文史学界在古籍整理的路径上并不是泾渭分明的，两者的融合，在某些身栖多个学科领域的学者身上得到了很好的体现。例如，身为史学家、图书馆学家、文献学家的来新夏先生认为，古籍整理必须具备八种技能：分类第一、目录第二、版本第三、句读第四、工具第五、校勘第六、考据第七、传注第八。这里的句读、校勘、考据和传注是传统的文史学方法，而分类、目录、版本和工具书，则主要是图书馆学的技能，两者恰好各占古籍整理的"半壁江山"。

我们对古籍整理含义的理解不能局限于学科的一隅，而应透过多个学科对古籍整理不同路径、不同方法的表象描述，抽离出它们共同的行为本质。从这个意义上讲，古籍整理是以古籍为加工对象，以提供古籍阅读和专业研究所需要的内容文本、版式特征、语义思想、知识信息等为核心内容的服务总和。

四、古籍整理的范畴

按照上述古籍整理的定义，古籍整理的范畴不再局限于某个学科或某个领域，而是涵盖了古籍在社会文献信息系统中流通的全过程，包括古籍的征购、编目、典藏、点校、出版等环节，涉及古籍收藏部门（图书馆、博物馆、档案馆，以及民间收藏组织或个人）、古籍研究机构（文史专家）、古籍出版企业（古籍专业出版社、古籍数字出版商）等不同的主体。按照古籍整理的不同目的和需要，可以将之划分为以下五个层次：古籍征购（征集、捐赠，订购），古籍编目（鉴定、著录、分类等），古籍典藏（修复、保管、保护），古籍点校（校勘、标点、注释等），古籍出版（排印、影印、再造）。

（一）古籍实体的保存性整理

所谓古籍实体的保存性整理，是指以长久保存古籍实物为目的，对古籍所做的搜访与购求、入藏与管理、保护与修复等工作，属古籍典藏的范畴，也是其他各层次古籍整理的基础。

古籍整理首先要有整理的对象，因此古籍的收集是古籍整理必须完成的第一步。历史上的古籍聚散无常，有的散入民间，有的藏入秘室，有的甚至流落海外，很不方便人们对古籍的利用，因此有必要通过征集、捐赠、订购等方式将它们聚集在一起进行集中保存。为了能尽可能地延长古籍的物理寿命还需要对古籍存放的环境进行控制和管理，保持空气合理的湿度和酸碱性，做好驱虫、防紫外线、防火等工作。古籍留存到今天，都经历了漫长的岁月侵蚀，纸张老化破损严重，加上保存环境不善，鼠啮蠹蚀、粘连霉烂、糟朽焦脆等现象非常普遍，因此还要对这类古籍进行装补和修复，最大限度延长其保存年限。

（二）古籍文本的复原性整理

古籍在流传过程中，由于种种自然或人为的因素，内容文字与原著相比可能会发生很大的变化。有的明明是同一种古籍，但出现了不同的书名；有的篇章顺序出现了颠倒错乱；有的则是文字错讹百出；还有的内容被掺入了伪作的内容，或作者署名不真实；有的是内容亡佚或缺损不全。种种情况不一而足，严重阻碍了人们对古籍的利用。

所谓古籍文本的复原性整理是指综合运用文献学的各种方法，对现有古籍文本进行种种方式的加工，力图获得一个尽可能接近古籍原貌的文本。具体来说，运用版本学的方法，通过版本鉴定和版本源流的考订，发现和选择善本，解决文本整体的可靠性问题；通过辨伪方法排除伪书，解决文本的真实性问题；运用校勘方法，校正古籍的篇章次第及文字错误，解决文本的准确性问题；运用辑佚方法，补齐古籍残缺的内容，解决文本的完整性问题。通过以上的系统整理则基本能获得一个满意的整理本。它从理论上来说，是最接近于古籍祖本的。

（三）古籍语义的阐释性整理

通过古籍文本的复原性整理，获得了一个理想的善本，但对于一般读者来说，它的内容仍然可能是无法利用的，因为读者仅凭自己的能力可能还不足以准确理解和把握作品的内容语义。一方面因为记录古籍内容的文字本身是在发展变化着的，同样的字词，其读音、语义可能和当初有很大的不同，这需要有古代汉语言专业方面的知识。另一方面，古籍中出现的一些专有名词所指的对象，也可能因为时代和社会背景的变化而有所不同，比如职官名称、地理名称、行政区划以及各种典章制度等，这需要读者具备一定的历史文化常识。因此，古籍整理还需帮助读者准确理解古籍的内容主旨，这就是古籍语义的阐释性整理。具体表现为：运用传统的注释方法（包括传、注、解、集传、集注、集解、训诂、笺注、疏义、章句、音义、直解等），辅之以准确的断句和标点，再用现代通行的语言对局部内容进行解释，或对全文内容进行通释（即翻译），以帮助读者准确理解文义，而不至于因为语言文字、地理名称、行政区域的划分和典章制度的发展变迁而曲解作者原意。古籍语义的阐释性整理要遵从两条基本原则：一是符合语言文字自身发展的规律；二是符合作者当时所处的社会历史背景。

（四）古籍内容的组织性整理

单种古籍通过文本的复原、语义的解释之后，已能为读者阅读和利用，但从古籍的总体来看，数量仍然太大，人们在浩如烟海的古籍面前往往感到无所适从，不知道该从何读起。想要查找某方面的史料，也不知该从何入手。古籍总体无序的情况，仍然给读者阅读和利用古籍造成了严重的障碍。这就要求古籍整理者对古籍的内容进行重新组织，使之从无序转向有序，这就是古籍内容的组织性整理。它以检索和利用古籍的内容为目的，包括古籍编目和古籍编纂等。

古籍编目就是将众多古籍的外部特征和内容要点著录成款目，并按需要组织成分类、书名、著者或专题书目，使之成为一种便于检索的工具。读者通过书目途径，可以迅速地获得自己所需要古籍的文献信息。对于从事某领域研究的读者而言，往往需要的是某类专题资料，而这类资料可能分散在大量的不同类型的古籍当中。为了集中某类古籍或某类专题资料还可对古籍的内容结构进行重新组织编排，使之成为一种新的文献类型或知识序列，比如类书、丛书、总集以及政书、年表等各种工具书的编纂等。古籍内容的组织性整理以凝练、精准、便捷和实用为基本原则。

以上四种古籍整理方式，文史学界多偏重于古籍文本的复原性整理和语义的阐释性整理，而图书情报界的古籍整理多偏重实体的保存性整理和内容的次序性整理。但从整理的目的和功用来看，它们并无实质的不同。

（五）古籍知识的数据化整理

20 世纪 70 年代以后，以计算机为核心的现代信息技术逐渐被应用到古籍整理领域。从最初的文本录入、单书索引发展到今天各种类型的数据库（如书目型、全文型、影像型等）、互联网、超文本、知识挖掘、可视化等各项信息技术的综合应用，人们对古籍整理的理念已不再停留在内容层面，而是开始触及更深的知识层面。这也是因为读者已不再满足于古籍内容的字词索引、全文检索及专类工具书的利用，而是希望能获得更为直接的知识服务。

针对古籍数字化，过去的做法是将古籍进行照相、扫描等技术处理，然后以影像或转换成文本格式储存起来。这实际上只是完成了古籍形式与内容的转移，生成了大量的古籍数据。2007年，计算机图灵奖得主吉姆·格雷（Jim Grey）在美国国家研究理事会计算机科学和远程通信委员会（NRC-CSTB）的一次演讲中首次提出科学研究的"第四范式"，即以数据密集型计算为基础的科学研究范式。在这个范式下，自然和人类社会活动通过被科学家观察、感知、计算、模仿、传播形成科学数据，这不仅仅是科学研究的结果，更是下一步科学研究的对象和基础。这意味着，古籍数字化产生的大量数据不仅是古籍整理的结果，更是下一步古籍整理的对象和素材。如果说古籍数字化是对古籍内容简单直观的转述和再现，那么古籍知识的数据化整理就是对古籍语义的深度解析和知识构建。具体来说，就是利用语义分析工具将古籍文本解析成碎片化语义化的知识元，在此基础上进行本体构建和语义标注。通过语义识别建立人物、职官、年号、地点、事件等古籍知识元之间的语义关联，以实现知识检索、知识聚类、知识链接及知识提示等服务功能。

五、纸质类型古籍整理的过程
（一）古籍采访
1. 古籍采访的含义

古籍整理首先得有可供整理的对象——古籍，因此获得古籍是古籍整理的前提和基础。"采访"一词，由"采"和"访"组合而成。"采"即搜集、选取；"访"即调查、寻访。古籍采访是以官方和个人为主体的各类文献收藏机构，根据本部门的性质、任务和读者需求、经费状况，通过寻访、调查、征集、购置、捐赠、交换等方式，连续不断地补充古籍馆藏的过程。古籍并不是天然地聚集在藏书楼或图书馆中的，必须经过人为的搜求和典藏，才能成为有系统、有特色的藏书。目前，绝大多数古籍经前人的庋藏整理，都已收集在馆、著录在目，但也有不少委身于书肆，不见记载；或藏之民家；甚至流落海外，不为人知。对于这部分古籍而言，并不是所有收藏者都了解其价值，时间一长，很容易湮没在历史的尘埃中，因此需通过文献采访把它们收集起来。

2．古籍采访的方法

（1）购置法

无论是对于私人藏书还是官方藏书而言，购置古籍都是丰富古籍收藏最基本、最有效的方法。

目前来讲，古籍购置大致有以下途径：一是从正规古籍书店、文物商店购买；二是通过古籍图书拍卖市场进行交易；三是从私人收藏者手中购买（很多可通过网络交易平台完成，如孔夫子旧书网、布衣书局等）。

图书馆在购置古籍前，应对古籍市场的相关信息进行全面的收集。这些信息的来源包括：

一是古籍书目信息，如《全国古籍新书目》《旧书交流目录》、拍卖行拍品目录、私人（包括个体书店，书摊）售书目录等。

二是与古籍出版、收藏相关的报刊资讯，如《古籍整理出版情况简报》《古旧书刊报收藏》等。

三是通过各种书市、书展获取有关信息。

四是通过网络上的一些专业社区，也可获取古籍买卖的相关信息，如"中国古旧书社区""布衣论坛"等。

（2）捐赠法

捐赠是指个人或社会团体向图书馆等文献公藏机构赠送书籍以充实馆藏的一种方法。古籍捐赠是图书馆古籍采访工作的重要组成部分，应予以高度重视。事实上，现有图书馆的馆藏中有很大一部分是通过捐赠获得的，有的图书馆甚至是以捐赠的藏书为基础创办的。

在中华优秀传统文化的熏陶下，大多数爱国之士是愿意以国家民族利益为重，化私为公造福后代的，关键要做好以下几点工作：一是要做好古籍的读者服务工作，让古籍善本得到充分的利用，这样才能增强捐赠者的信任感；二是要做好古籍的管理和保护工作，使捐赠者有安全感；三是要落实党的方针政策，做好捐赠事迹的宣传报道工作，使捐赠者有亲近感。在现代市场经济体制下，民间捐赠并不一定是无偿的，各级图书馆可以根据具体情况，除在对捐赠者予以名誉表彰外，可适当予以物质奖励。如有必要还可举办赠品的专门展览，甚至出版图录画册，既宣传书，也宣传人。有条件的图书馆还可以设立以捐赠者姓名命名的古籍善本专藏。只要图书馆的工作做得足够细致、扎实、妥帖，就一定能获得更多的民间捐赠。

（3）征集法

征集主要是利用行政力量，并辅之以奖励措施，通过主动发函、上门访求或采用登广告、发传单等方法，达到有针对性地采访古籍的目的。

做好古籍征集工作，关键是要了解相关情况，掌握古籍线索。对于图书馆而言，首先，要摸清自己馆藏的家底，知道自己缺什么；其次，要重视地方古文献的征集工作，可通过查询地方文献目录，寻访当地藏书世家，了解地方人士的著述情况，发掘地方古文献的线索；再者，要建立定期联系人制度，形成征集网点；最后，要做好售主的思想工作，按质议价，公平交易，同时尊重售主的个人隐私，与藏书家建立感情，保持经常联络，这样才有利于古籍的长期征集工作。

（4）交换法

交换是扩大古籍馆藏来源，迅速获得无法通过常规渠道获得的藏书品种的重要途径。通过交换，既能互通有无、丰富馆藏，又能节约古籍采购经费。文献收藏机构由于各自的读者对象不同，藏书方针不一，对藏书的数量、门类、品种与复本的要求也不尽相同，这就为古籍交换提供了条件与可能。

交换不仅仅限于公共图书馆之间，大学图书馆、科学院系图书馆，乃至旧书店、出版社，甚至私人，都可以进行合作交换。古籍交换又分为国内交换和国际交换。由于历史原因，大量古籍流失海外，随着改革开放，古籍采访工作也应积极面向国际，努力做好古籍的国际交换工作。交换从某种角度讲，也是一种交易，这就有一个交换书籍价值确认的问题。对于这种价值确认，双方都应抱着坦诚协作、实事求是的态度，使交换工作建立在互惠互利的基础之上。要进行交换工作，各图书馆必须编出用于交换图书的目录，主动送交对方参考。交换目录要编制得较为翔实，最好附有书影，以便对方选择和确认。

（5）复制法

有的古籍流传稀少，既无从采购，也不能通过交换获得，那就应尽可能用复制的方法获得复制品，这也是古籍采访常用的手段。

古籍复制的方法有手工抄录、静电复印、录制成缩微胶片、数字化扫描等，具体选择何种方式应视读者需要和藏书条件而定。抄录是一种历史悠久的古籍复制方式，形成了古籍版本中"抄本"这一类型，特别是影抄本，可以达到与原本形神兼似的效果，但抄录既耗费时间，又容易出错，现在一般很少采用。而图书馆出于保护古籍文物的目的，通常都会对其他古籍复制方法有所限制，这种情况在国内外都一样，有其合理的一面，但同时也使得古籍善本的文献资料价值未能得到充分利用。王世伟先生建议，古籍被复制的一方（图书馆）可采取多种积极的方法应对：①摄制一套胶卷，原书不再动用。凡需复制者，即据每片拷贝。②将原书扫描，制成光盘，既可打印，又可提供网上阅览。③影印出版。这三种方法不能说一劳永逸，但都能起到保护文物、开发古籍资源的作用，同时又能创造一定的经济效益。如果古籍收藏单位都能这么做，那它们之间还可以进行古籍复制品的交换，这又为古籍采访增添了新的内容。

（二）古籍的典藏

1. 古籍入库

采访到馆的古籍，要及时进行验收和财产登记工作。验收是指查核购书清单上的书名、函数、册数、金额等与实际情况是否相符，并办理古籍交接手续。图书馆等文献收藏机构接收古籍后，首先要进行财产登记，登记项目包括书名、卷数（存卷数）、函数、册数、著者、版本、附注（跋、印章等）、书籍来源、收书日期等，可输入事先设计好的图书财产管理系统中，并由系统给每册古籍分配一个图书财产登记号。这个号码是按照图书到馆的先后顺序自动生成的，号码是连续的，中间没有空号和重号的情况，每个号码相当于每册古籍的身份证号。接下来就是给每册古籍加盖本馆的藏书印。在藏书上盖印章是表示对藏书拥有所有权的一种简单有效的方法。

2. 古籍排架

入藏的古籍经过编目后，需按照一定的规则有序地排列在书架上，使得每种古籍在书库中都有各自相对固定的存放位置，这就是古籍排架。它的最终目的是方便读者和馆员熟悉古籍馆藏，以便快速地取书和归架。

我们今天给古籍排架，如果选用的是《四库全书总目》分类法，就直接按经、史、子、集的部类排列，同一类目下可按作者的朝代顺序排列。因为《四库全书总目》分类法本身没有分配号码，有的图书馆就直接用类目名称按字顺排列，也有的图书馆自己配上号码代表相应的类目名称，如用阿拉伯数字"1、2、3、4……"或用干支"甲、乙、丙、丁……"或用汉字数码"一、二、三、四……"等。考虑到古籍数字化检索的需要，在使用数字配号时，还是以采用阿拉伯数字为宜，这样便于计算机处理。如果选用的是《中国图书馆图书分类法》等新式分类法，则有两种排架方法。

一是按古籍的内容属性排架，即分类排列法。它是依《中国图书馆图书分类法》等新式分类法对古籍进行分类，按分类号依次对古籍进行排列，同类的古籍，再依种次号排列。所谓种次号，就是表示同类书排列先后次序的号码，可按著者姓名字顺、书名字顺、出版年代顺序或登记号顺序排列；同一古籍的复本、注释、考订之作，再在种次号后面加上其他区分符号，如复本号等。分类排架法是图书馆比较普遍采用的一种古籍排架方法。其优点是藏书排列有一定的逻辑体系，同一类古籍及其复本、不同版本可以集中在一起，便于按内容系统取书和归架。其缺点是索书号由分类号、种次号、复本号或其他区分符号组成，显得过于冗长；有的分类号下并没有古籍，但必须预留书架的位置，造成书库空间的浪费；每增加很少的几种古籍，都有可能造成倒架。不过由于古籍是历史遗留物，其品种和数量的增加都极为有限，大多数图书馆都采用这种排架方法。

二是按古籍的形式特征排架，主要有登记号排架法、固定排架法、字顺排架法、年代排架法、地区排架法、版型排架法等。登记号排架法，就是直接把古籍的财产登记号作为索书号，依次上架的排列方法。它又可以分为一部一号与一册一号两种，实践证明一册一号优于一部一号，原因是前者更符合财产登记的规范，而且对于大部头的多册次古籍而言，按原有的卷次顺序加上登记号排列，操作相对简单得多。固定排架法，即按古籍到馆的先后顺序，编成固定的排架号上架，其索书号由架号、层号、列号组成，如254/7，表示该书固定放置在第25排书架的第7层第4列（撰）。字顺排架法，就是按照古籍书名或著者姓名的字顺排列。年代排架法，就是按照古籍出版的时间顺序来排列。地区排架法，是按照古籍出版地区的划分来排列。版型排架法，就是按照不同的版本类型（如写本、拓本、刻本、活字本等）分类排列，同一类型下再按其他顺序排列，如出版时间等。按照书籍的形式特征来排列古籍，操作方法相对简单，便于清点管理古籍，且节约书库空间，不存在倒架的问题。但缺点也很突出，主要是藏书组织缺少系统逻辑性，同类书和同种书的复本及不同版本不能集中在一起，不便于流通与利用，尤其是无法开展开架阅览，因此只适合古籍馆藏量较少的图书馆采用。

按照古籍保护的要求，古籍在书架上的摆放不同于现代书插架竖放的方式，而统一采用平放，函套口向左，书名签粘贴于函套下立面正中，用于记书号、册数、书名等信息。多函者在函套下立面左下角粘贴函签，以防分离丢失或与其他同类函套书的混配，函签记书号、函序号、册序号等信息。无函套的古籍书口向左，书根向外摆放。排架时以每个书架为单位，按照书号由小到大的顺序，从左至右排列。在每一排书架的侧边，应有该排书架起止书号的标识牌。每一单个书架上方，应有该书架起止书号的标识牌。书号标识要求清晰、统一、美观。

3. 古籍的保管

古籍入库后，必须采取一系列管理和保护措施，以防止人为的散佚及各种自然环境因素、灾害等对古籍的损害。

（1）建立古籍保管制度

无论对于官方藏书还是私家藏书而言，失窃和逾期不还都是古籍散佚的重要原因。防止古籍散佚的主要措施就是建立专人管理的制度，现代图书馆对古籍管理有着严格的制度规定，如古籍进出书库应有详细的记录与签收制度；人员出入书库要有严格的审批和登记制度；馆藏古籍应有详尽的财产账目，并由采编人员保管，库房人员无权更改；善本古籍应由两人以上共同管理；古籍书库管理人员不得私自参与古籍市场的买卖活动等。

对古籍在阅读使用过程中的保护，可以通过建立相应的借阅制度来完成。现在国内外图书馆对古籍阅览也有相应的要求，比如规定读者只限古籍阅览室阅览，一般不外借；读者应在指定座位就座，并戴上手套，禁止用手直接触摸古籍；应将古籍放在专用托书架上阅览，勿将手臂、腕、身体或任何物体压置于古籍上；阅览古籍时禁止勾画、批注、圈点、涂改、折页、污损、剪切、撕页、指抓、刮搓、舔捻书页，切勿急速翻页；严禁窃书；摘录资料一律使用铅笔，不得使用毛笔、钢笔、圆珠笔、中性笔等。

古籍书库的保管还应建立火灾预防制度。如现代图书馆的古籍书库制定严格的规章制度：禁止火种入库；库内照明系统、空调系统、火警预报系统等必须定期检查和维护；管理人员必须熟悉消防器材的安放位置和使用方法；管理人员建立防火责任制等。

（2）控制古籍保存环境

中国古籍用纸多为手工制造，具有独特的优越性能，如酸性低、质地柔软、使用寿命长等。但作为一种历史遗存物，古籍毕竟经历了漫长的岁月，在外界环境因素的侵蚀下容易变质，如在光线的照射下纸张老化变脆，失去韧性；在潮湿的环境下发生粘连，霉变生斑；虫蛀、鼠害等也常常威胁着古籍的安全；水灾、火灾更是易给古籍造成难以弥补的损失。针对以上不利因素，可对古籍保存环境进行管理和控制，以延长古籍实体的保存时间。

①对温度和湿度的控制

温度和湿度这两个相互关联的物理因素，对古籍的保存有直接影响。温度过高时，纸张内的水分迅速蒸发，书页就会变得干燥，容易发生皱缩、翘曲、开裂等现象。温度也是影响古籍虫害的基本因素。古籍中害虫的适宜生长繁殖的温度是20℃～32℃，如果能将古籍书库的温度常年控制在20℃以下，就可避免大多数虫害。如果能控制在10℃以下，就可以杜绝虫害。湿度对古籍的影响也很大，当湿度太大时，纸张含水率过高，会使纤维水解，强度明显下降。而过分干燥，纸张就会发脆，耐折强度和柔韧性降低。通常用相对湿度来衡量纸张的含水率，在同一温度下，相对湿度越高，纸张的含水率就越高。实验证明，当相对湿度在40%～70%时，纸张的耐折强度最好；相对湿度在30%～60%时，纸张的耐拉伸强度最佳。而当相对湿度在70%以上时，昆虫就会大量繁殖。为使古籍纸张保持较好的机械强度和防止虫害，书库的相对湿度应控制在40%～65%为宜。因此，应给古籍书库安装空调、除湿机等设备，并随时监控库房内温度和湿度的变化。

②对光线的控制

阳光可以抑制和杀灭细菌，祛除虫害，但长时间的照射则有损古籍的纸张。化学分析标明，纸张的化学结构是一种链状线型高分子化合物，依靠其组成分子中具有一定能量的C—C键结合在一起。当光线的能量达到或超过C—C键的结合力，打断纸张纤维C—C键所需的能力为348～353kJ/mol，这相当于波长为 340 ～ 343 纳米的光辐射。紫外光和接近紫外光的可见光波，其光子的能量足以打断大部分聚合物的化学键。此外，阳光还能使空气中的氧气变为游离态，若与水分子发生作用，还可以产生过氧化氢。纸张中的纤维素分子在游离氧和过氧化氢的作用下，加速水解变为葡萄糖分子或生成容易断裂的氧化纤维素，这种现象叫"光氧化作用"。古籍纸张的褪色、变色、发脆变质，以及各种机械强度包括抗拉、抗折、抗扯等性能的降低，很多都是光解作用和光氧化作用的结果。值得注意的是，人工照明有时也会产生这样的效果，如荧光灯、氙气灯等。

因此，古籍书库的灯具宜选用乳白色灯罩的白炽灯，当采用荧光灯时，应有过滤紫外线的装置。自然采光的书库，应采用防紫外线玻璃和遮阳措施，避免阳光直接照射。同时，应给古籍配备装具，传统的如书帙、函套、夹板、木匣、箱柜等。密闭且阻光的装具可阻挡灰尘、污染物及紫外线对古籍的伤害。即使受潮的古籍，也不可放置在阳光下暴晒，应夹干燥的中性纸让其阴干。

③对空气和灰尘的控制

空气中的有害气体如二氧化硫（SO_2）、三氧化硫（SO_3）、氨（NH_3）、氯（Cl_2）、硫化氢（H_2S）、臭氧（O_3）等，对古籍都有损害作用。尤其是现代工业废气污染中最常见的二氧化硫，对古书的危害最大。它被古籍的纸张吸收后，可以生成破坏纸张纤维的硫酸（H_2SO_4），而硫酸能切断纸张纤维素分子的合链，引起纤维素分子的水解，从而大大降低纸张的机械强度。被硫酸破坏的古籍书页发脆，经不起折叠，甚至一触即碎。其他的三氧化硫、硫化氢、氯等溶于水后都呈酸性，氨溶于水后在细菌的作用下会转化成亚硝酸和硝酸，也是酸性的，它们对古籍的损害作用大体与二氧化硫相似。氨和臭氧还能使古籍的纸张变色。空气中的灰尘杂质甚多，腐蚀性和营养性的颗粒都有。沉积在书面上的灰尘，时间长了会形成一层难以消除的灰黑色物质，既会腐蚀古书，也容易滋生微生物。灰尘中的黏土在湿度超70%时，会使古籍的纸张粘连在一起形成饼状，难以揭开。

古籍书库内有害气体的防治可通过加装滤网式空气净化器来实现，即通过风机抽风，使空气通过滤网，污染物被吸附在滤网上以达到过滤室内空气的目的，其中尤以高效微粒空气过滤网为好。古籍书库的防尘可从两方面着手：一是保证库房门窗的密封性，地面干净不起灰；善本古籍专库专柜保管，除尘使用吸尘器；二是加强卫生管理，书库管理人员入库应穿专用鞋，尽量减少外来人员的参观，如有入库参观者，应穿上一次性鞋套；书库、书架要定期打扫。

④对虫害、鼠害的防治

危害古籍的生物因素主要是昆虫和老鼠。据统计，危害古籍的昆虫多达70余种，常见的有书蠹鱼、蛀虫、书虱子、谷鱼、谷蛾、苍蝇、白蚂蚁、蟑螂等，尤以书蠹鱼和蛀虫危害最大。它们啮食书上的糨糊及胶性物质，常把书页咬得千疮百孔。另外，老鼠啮咬书籍的危害性也不容忽视。早在战国时代，人们就发明了"杀青避蠹"的技术。纸张出现后，人们发明了书写用的避蠹纸，称为"潢纸"。它是将纸在黄檗汁中染过，可常年防蛀。魏晋南北朝时期，潢纸技术得到广泛应用，染纸成为造纸过程中必不可少的一道工序。其后又产生了以"靛蓝"为主要染汁成分的"碧纸"，它是从马兰、蓼兰等药用植物中提取汁液用以染纸，能毒杀昆虫。明清年间，广东南湖（今佛山）一带流行一种叫作"万年红"的避蠹纸。它是用红丹（又名铅丹，化学名称四氧化三铝）染成，只需装订在古籍的扉页及底页，就能起到全册书避蠹防蛀的作用。药物避蠹防蛀还有一种方法，就是将芸草、香茅、樟脑等药物置于书库、书柜或夹入书本中，以达到防治虫害的效果。

（三）古籍的修复

1. 古籍修复原则

（1）安全性原则

古籍修复是一项高度专业性的工作，旨在保存和展示古籍的文献与历史价值。因此，在修复的过程中保证古籍的安全是第一位的大事，包括修复工作环境的安全、修复措施的安全、修复材料的安全，以及古籍文献信息的安全。

（2）"整旧如旧"原则

也叫真实性原则。所谓"整旧如旧"，不是企图恢复古籍出版时的原貌，是修复和加固古籍残破的部分，而不能使其他部分的现有性状发生任何形态的改变，从内容与形式两方面切实保护古籍所有原始信息的真实性。内容的真实性，是指维护古籍文字、图像信息的完整性，具体包括它们的数量、位置和形状等。形式的真实性，是指修复过程中忠实地再现古籍的原始文献形态，包括装帧形式、纸张规格、纸张特征等。

（3）最少干预原则

古籍修复工作始终要将古籍修复的面积控制在最小范围内，添加的修复材料要尽可能地少，尽量减少对古籍文献信息的干扰，避免过度修复和妄自补充古籍缺失的内容。

（4）可逆性原则

所谓可逆性原则，是指修复后的古籍在必要时可将修复用的材料从古籍中清除掉，将古籍恢复到修复之前的状态，为将来出现更好的修复技术后重新修复提供可能。古籍修复的可逆性，主要是指修复材料的可逆，即使用的修复材料的性状不会发生任何变化，在采取相应的技术措施后，很容易从古籍上拆除、清除。

（5）选择性原则

由于古籍数量与古籍修复人才数量不匹配，为解决这一现状，除加大古籍修复人才的培养规模外，修复古籍还必须有轻重缓急的安排，这就是古籍修复的选择性。目前，代表性的观点有三种：一是按版本价值高低排序；二是按古籍的破损程度排序；三是按古籍的排架顺序。

（6）规范性原则

古籍修复工作头绪众多，要保证其顺利进行，必须建立一套严密、科学的规范，包括古籍交接规范、古籍修复记录规范、古籍保管规范等。古籍由库房到修复工作间的交接，必须有详细的交接记录。记录应一式两份，库房与修复工作间各存一份，作为工作记录；要建立古籍修复档案，对古籍书目著录数据、外观描述数据及附件情况，古籍破损位置、破损原因、破损程度的有关数据，以及古籍修复要求、修复方案、修复过程等，都要有详细的档案记录；古籍修复过程中的保管也非常重要，既不能丢失，也不能错乱，否则会造成不必要的麻烦。待修古籍必须存放在专用的保险柜内，且保险柜应与工作间隔离。

2. 古籍修复的程序

古籍修复的基本操作程序，包括以下9个步骤：

（1）点收

古籍修复前，首先要按委托修书单位开具的书单核点书名、册数、页码，并明确修复要求，注明点收日期和经办人的姓名。本馆自修的书籍，也要按以上要求登记造册、点收清楚，尤其要注意书页是否有残缺、页码顺序是否有颠倒错乱的情况。对于没有页码的书籍，应按顺序逐页在书页的右下角用细铅笔轻轻描上页码，这样做是方便书籍拆散后的重新装订。如在点收中发现与原书不符的地方，应与委托单位取得联系，核实情况。

（2）制定修复方案

古籍修复前要组织专家对古籍损坏情况进行会诊，并拿出修复方案。首先，要查明古籍损坏程度，这要求全面、细致地对古籍损坏状况进行检查，不能留有遗漏，否则将来返工重修会增加很多麻烦。其次，要对古籍损坏的原因作出正确的分析和判断。如同样是破损，有生物性破损，如虫蛀、鼠啮等；有机械性破损，如人为或器物的划伤；还有风化性破损等。它们的修复方法各不相同。再次，要考察被修复古籍的版本、年代以及原书用纸、印制、装帧等特点。修复普通古籍，通常只要做到整齐大方、牢固耐用、检阅方便就可以了，而修复年代久远的善本、珍本，则要精心加工，不仅要把古籍损坏的地方修复好，还要尽量保持原书的特色，恢复其原有风貌。最后，修复方案的制定还要考虑委托单位提出的修复要求。

（3）备料

古籍修复除了配备必要的设备（如工作台、贴板、压书机、切纸机、吸湿机等）和工具（如浆笔、棕刷、广刷、镊子、锥子、刀具、裁板、夹板、竹刮、竹起子、笔船、砑石、镇尺、喷壶等）外，还必须准备修复所用的材料，包括：①纸张。修复古籍一般应使用与原书纸张材料、质地、颜色、厚薄接近的旧纸，如硬黄纸、麻纸、棉纸、旧竹纸、旧宣纸等。这要求修复人员平时应注意收集各种旧纸，如揭下来的旧书托纸、破损的护叶、原书页里的衬纸，乃至旧画揭裱时揭下的古旧复背纸等，这样一旦需要，可随时配补而用。如无适当的旧纸，也可用传统工艺制造的新纸经染色后代替旧纸使用。②染料。新纸做旧所用的染料大多是植物染料或矿物染料，如藤黄、花青、赭石、槐黄、栀子黄、橡碗子、土黄、红茶、徽墨、朱砂等，切忌用一般染布匹的化学染料。③胶水。染制修补古书所用的纸张，除了染料外，还要配合使用胶水。胶水分动物胶和植物胶两种。动物胶如牛皮胶、骨胶等。牛皮胶以广东的产品最为有名，尤以薄条细粒、色泽淡净者为佳。骨胶是用动物的骨头熬制提炼而成，颜色较深，作胶水时只可利用其上层清头。植物胶有树胶、白芨胶、石花菜胶等。④糨糊。可用麦淀粉或精制白面粉调制。⑤绢、绫、锦、锦绫等装饰材料。用以制作古籍的封皮、包角、函套、锦盒等。⑥纸捻钉与丝线。用以装订古籍。⑦清洗剂。清洗古籍污渍所用的高锰酸钾、草酸、双氧水、漂白粉等。

（4）拆书

为了不损坏原本保存完好的书页，古籍在修复之前都要拆开。拆书工序包括清除灰尘、拆线、拆封面、拆纸钉等四道手续。拆散的书页和封面都要安放妥当，不可丢失或散乱。宋、元版珍贵善本书籍，修复工作的间隙应存放在保险柜里妥善保管，修复时再拿出来。否则，一旦发生丢失，哪怕是一页的缺失，都会造成无可挽回的损失。

（5）修补书页

这是古籍修复整个过程中最关键的一道程序，包括清除书页上的各种污染、选配和染制书页修补用纸、连接书页开裂的书口、缀补破损的书页、裱补糟坏的书页、揭补粘连的书页、镶补短小的书页、书页的喷水压平等多个项目和多道工序。

（6）封面、封底的修复或重制

古籍的书页修复后，还要对封面、封底进行整修，具体包括清洗、补缀或选纸制皮、捶平、压实等工序。

（7）装帧

拆散的古籍在书页、封面及封底修复完成之后，需要按原样装订起来，具体包括折页、配册、敲书、衬纸、接书脑、齐栏、压实、订纸捻、包角、加护页、草订、上封面、裁齐、打磨、打洞、穿线、贴签条、写书根、加函套等多项工序。

（8）检查和验收

古籍修复后，应就以上各个修复项目的质量进行检查和验收。比如，对于书页的修补，要检查糨糊使用是否得当，有没有"小疙瘩"或粘接不牢的地方；配纸的材料、颜色和厚度是否合适；补破的书页是否平整，补缀中有无损伤书页中的字迹；折页是否平直，书口是否有偏斜或损伤；捶书是否均匀平齐。封面的修补，要看纸张适合与书页配套、平整。装帧方面，要看装订是否牢固、美观；书页有无缺失，页码顺序是否与原书一致；裁书是否整齐，有无损及原书中的字迹；打磨的地方是否发光、起毛；书角包得是否严紧、挺括，大小是否合度；打洞是否歪斜；装订用的丝线粗细是否合适，颜色是否协调，松紧是否适度；各种特殊装修的书籍是否合乎特殊要求；等等。最后，根据修复质量的高低给修复成品评级，不合格的应返工重修。

（9）交付

交付是指将修复后的古籍交还给委托修书单位的过程。交接时，应按照点收时的记录，当面点验所修古籍的书名、册数、页码等，并在工作单上签署收件人的姓名及交接日期，以备日后查核。

3. 古籍修复的方法

（1）去污技法

书页的污染分多种情况：有的是在阳光照射、有害气体和灰尘的侵蚀下泛黄或变黑、发灰；有的是受墨汁、羹汤、汗渍、茶水、油蜡等的玷污；有的是在细菌和真菌作用下产生了霉斑；还有的是因书蠹鱼或其他有害生物排泄的粪便、虫卵受到了污染。被污染的范围，也有整页被污染和局部被污染两种情况。清除书页污染的方法有：

①机械去污法

它是借助小刀、软刷、棉球等工具，以刮擦的方式除掉纸面上的污垢。用这种方法只能除去纸张表层的一些污染，且只适用于机械强度较高的纸张。其方法是用锋利的小刀轻轻刮擦污垢，从污染的中心部位开始，慢慢向边缘部位移动。去污完毕后，应用软刷将去污过程中产生的碎屑、铅笔痕迹、菌丝、昆虫粪便细心地清除干净。

②漂洗去污法

它是将整张书页浸泡在加热的清水或温热的碱水中，以达到清洗除污的效果。对于书页因水渍造成的水痕，以及泛黄、发灰、变黑等，可采用热水漂洗法。其方法是：在带有底塞的水槽中垫上一层纸，将拆散的书页按顺序一张张地错开排好，以七八张为一层，上面盖一层薄纸，然后再放一层书页，如此反复叠放，以不超过100页为宜。接着将75℃～90℃的热水沿着槽壁缓缓注入水槽中，直到漫过书页顶部为止。浸泡一会儿后，水不热了，拔开底塞将脏水排尽。照上述方法反复清洗几次后，将书页取出，一张张摊放在垫有吸水纸的木板上（可将木板摆成 45° 斜坡状，以便控干清水），上面再盖上几层吸水纸，然后平压重物，每日及时更换吸水纸，直到晾干为止。对污染比较严重的书页，可用碱水替代清水，碱与水的比例为 2.5 ∶ 100。通常是将 50 克洗涤碱加入 2 千克 75℃ ~ 90℃的热水中，即可使用，操作方法与热水漂洗法基本相同。也有用漂白粉代替碱水的，但对纸张的腐蚀作用较大，要特别谨慎使用，对于善本、珍本古籍应禁用。

③局部擦洗法

对于虫卵、虫粪等污迹，可用棉球蘸着酒精擦拭，然后蘸清水洗净，下面垫上吸水纸，上面平压重物，晾干后撤去吸水纸即可；对于黄渍严重或有绿霉点、黄霉点的书页，可用排笔蘸高锰酸钾溶液（1g 兑水 200mL），轻轻涂刷在污渍上，再将整页也略刷一遍（为使清洗后整页的洁净度一致），等颜色变成茶色后，再用排笔蘸草酸溶液（1g 兑水 50mL）淋刷在页面上进行中和，褪去高锰酸钾留下的茶色，然后用清水冲洗几遍，最后吸水、晾干；对于红、蓝墨水斑痕，则可采用双氧水擦洗法，操作方法基本相同。应用化学药剂会对纸质起破坏作用，不利于古籍的长期保存，因此非必要时尽量不要采取此法。同时要根据配方严格按比例配制洗污溶液，不可用量过多、漂洗时间过长。善本、珍本古籍不宜用化学试剂去污。

（2）修补技法

古籍的损坏也分多种情况：有的是书口开裂，有的是书页破损（它又分书页撕裂、书页出现孔洞、书页糟朽、书页粘连等多种情况），有的是边角破损。应针对不同情况，采取不同的修复方法。

①溜口技法

古籍翻阅久了或受到磨损，版心的中缝部位就会开裂，慢慢地一张书页就会变成两张单页，读起来很不方便，也容易撕坏、粘连。用薄棉纸和浆水等把开裂的书口粘接起来，行话叫"溜口"。具体操作如下：首先将拆下的书页平摊在工作台上（有字的一面向下），将开裂处对齐并拢，切忌两个半页搭茬或者上下错位；然后用左手拇指和中指压着书页，使其固定不动，右手持蘸过浆水的毛笔，顺着开裂的方向来回均匀地涂抹在书口上，抹浆的宽度以溜口的棉纸的宽度为准（约 1 厘米宽）；取一条约 1 厘米宽的溜口棉纸，一手捏住其上端，一手持其下部，将它轻轻地从下往上贴在书口上，再用一张厚吸水纸垫在上面，用手来回按抚、压平，使溜口纸与开裂处粘牢；接着两手持书页两边的书脑处，轻轻将书页提起，放在吸水纸上，将溜口的书页一张张错开来排放，每五六页夹放一张吸水纸，等它晾干。溜口技法的操作要领是动作要快，抹浆、溜口、夹干必须一气呵成，应赶在书页受浆后松胀之前完成，避免因书页不平或弯曲难以接合。另外，浆水的浓度也很重要，应视纸张的质地、厚薄、吸水量而定。对于较厚的棉纸，浆水可调得稍稠一点儿，否则补缀起来不易牢固；较薄的竹纸，浆水则要调得稍稀一点儿，否则容易起皱，不易捶平。溜口技法除了用于修补书口之外，也适用于书页撕裂的修补。

②补破技法

书页上的孔洞大多数是由虫蠹、鼠啮造成的，修复前应首先清除书页上的虫粪和破损纸张的渣屑。修补孔洞的具体操作流程是将有孔洞的书页背面朝上平放在工作台上；左手指压住纸张，右手持浆笔沿孔洞周围涂抹稀糨糊；用颜色、质地、厚薄相近的配纸按贴在孔洞上，按压时要保持配纸与书页的帘纹横竖一致；一手按住配纸与孔洞周边的接缝处，另一手沿着浆湿印撕去多余的配纸。若是配纸较厚不易撕断，可用毛笔蘸点水在配纸与孔洞边的接缝处画一水印，这样就比较容易撕断了；垫上吸水纸，将修补好的书页用手按抚平整，放在吸水纸上，每张相错两三厘米错落摆放，每隔五六页夹放一张吸水纸，最后晾干。须注意的是，孔洞的修补有一定的先后顺序，即先补书页中部，再补书页两边，先补大洞，再补小洞。另外，每补四五个孔洞就要掀一下书页，以免时间长了书页会粘在工作台上。书页的边角容易磨损和受到虫子（如蟑螂）和老鼠的啮咬，在这种情况下，补破最好用旧的纸边做配纸，因为书页边角受阳光照射时间长，颜色相对书页里面的要更深一些，所以选用旧纸边修补边角，容易取得色调和谐的效果。但同时也要照顾书页里面的颜色，如果色差太大，也会影响书页整体的美观。对于书页霉坏的补破，要视具体情况而定。如果霉坏的书页字迹全无，则无法修补了。对于字迹尚可辨认者，如果是全页霉坏，可经漂洗后用托裱法修复；如果是局部霉坏，可在漂洗后用以上补破法修复。

③托裱技法

对于书页糟朽变质而破烂不堪，或蛀孔连成一片，稍一翻动就成碎片状掉落的情况，已无法用一般的补破方法进行修复，只能采取托裱法。其操作要领是：第一步是铺放书页。先在工作台上喷洒一层水，将一块比裱件稍大的塑料薄膜或油纸刷贴在工作台上，然后用镊子将残碎的书页夹住，使之背面朝上轻轻铺放，并拼整对齐。再用喷雾器往上喷一点儿水，使书页受潮后不易滑动。第二步是刷浆。用毛笔蘸浆水轻轻刷在书页背面，刷浆的顺序应从书口中间往两边抹，尽量把书页上的皱褶往外抹平，用力要轻，避免碎片移位。待整张书页抹完后，在上面铺上一张事先准备好的裱补用纸轻轻地盖在书页上，并用棕刷从右到左轻轻刷一遍，使裱补用纸和书页黏合在一起。然后盖上一张吸水纸，再刷一遍。第三步是揭起书页。将书页连同塑料薄膜或油纸一起揭起，翻转过来，平放在工作台上，用棕刷在塑料薄膜或油纸上刷一遍，即可从左下角入手把塑料薄膜或油纸轻轻掀开。如果塑料薄膜或油纸与书页稍有粘连，可用浆笔抹点浆水后盖上，再用手按几下，继续掀揭就比较容易了。第四步是晾干装订。沿裱补好的书页边缘上一点儿浆水，将书页贴在裱板上，待晾至半干时揭下来，夹在吸水纸里，压平，待最后晾干后整理装订。

托裱前应事先用笔蘸一点点水抹在待修古籍的墨色或其他颜色上，观察是否会洇染跑色，如果不会方可采用上述方法。对于容易走色的朱印本、蓝印本或朱蓝格纸的抄本，则可采用飞托法（又称干托法）进行托裱。所谓飞托，就是不像一般裱补那样先把浆水抹在书页上，而是在裱补用纸上刷浆，再把裱补纸倒过来刷贴在拼接好的书页上。其操作时应注意的事项与一般裱补法相同。

④揭补技法。

古籍因为受潮或浸水后易发生粘结成块的现象。它又分两种情况，一是单纯湿水引起的粘结，由于没有黏合剂的介入，相对比较好处理；二是由黏性物质引起的粘结，比如书墨中的胶质成分或水中的黏性物质，可以使书页粘结得非常紧密、牢固，甚至使整册书结成一块"书砖"或一团"书饼"，处理起来就困难得多。粘结书页的修复工作实际包括两个方面，一是将粘结在一起的书页逐页揭开，二是根据书页的损坏情况再行修补。揭开书页的方法主要有两种：

第一，干揭法。它适用于受潮时间较久，书页已经发干，书页虽粘结在一起但不甚牢固的古籍。具体操作如下：先用双手握住古籍的两头，轻轻地反复揉搓，等板结、干硬的书页被揉搓到松散、软和时，再用镊子或竹启子将书页逐页揭开，因此也叫搓揉法。揭页时如发现书页破损或脱落，应随时采用其他补破法进行修复，以免零星脱落的小块遗失或找不回原来的位置。由于揉搓容易伤纸，这种方法只适用于纸质较好的普通古籍。凡霉烂、糟朽、焦脆或纸质劣脆的书页，以及善本、珍本古籍，都不宜采用。另外，古籍能干揭的，应尽量避免使用湿揭法。

第二，湿揭法。对于粘结比较紧密，用干揭法难以揭开的书页，可采用简易的湿揭法。即不必拆散书页，只需把喷湿后的书籍平摊在工作台上，用镊子或竹启子逐页揭开即可。对于书页局部小面积粘牢者，可用蘸水的毛笔画湿粘结处，再用工具小心揭开。但对于粘结牢固如'书砖'者，则需要采用热水浸泡法或蒸汽穿透法（书页特别糟朽、焦脆、韧性差者不宜采用）。热水浸泡法的操作流程是：按明矾3%、广胶2%的比例制成胶矾热水（加矾是为了固定墨色；加胶是为了加固纸张，防止书页在热水的浸泡下松散）；将粘结书页放入热水中浸泡1～2日（可用薄布将书包起，以防泡烂）；待浸透后，取出沥去水分，待书页晾至半干后，再小心揭开，揭开的书页放在吸水纸上晾干。对破损的书页，还要随时进行修补。蒸汽穿透法是将热水浸泡过后的书页用干净的纸包裹起来，放在蒸笼格里蒸1～2个小时。蒸时尽量让水蒸气穿透书页，使得书页上的胶质成分得以溶解，这样书页就比较容易揭开了。用这种方法揭补书页时，要求每次从蒸笼里少拿一点儿书页，揭书页的动作要快。不然的话，没有揭完的书页冷却后更难分开，只能再蒸一次，增加对古籍的损伤。

⑤镶补技法。

古籍在流传过程中，经常会发生丢失的现象。如果一部古籍丢失了其中的几册、几卷，就需要补配，但在补配时很难找到与原书开本大小一致的书籍，不仅晚清时期出版的书籍一般要比宋元版的书品小，就是近代出版的书籍，也经常发现补配书籍比原本小的情况。为使补配书籍与原本整齐划一，需要对补配书籍采取镶补法进行修整。镶补法在具体操作上，有以下两种方法。

第一，拼镶法。具体操作流程是：选择与原书材质、颜色、厚薄相同的纸，根据书页的长、宽裁好纸条，使得纸条的长度分别稍长于书页的长度和宽度，并且纸条的纹路应与书页相同；在工作台上铺一张稍硬一点儿的纸，长宽均要大于原书的书页。接着把要拼镶的书页背面朝上摊开，铺在硬纸上。从第一页开始一页页地错开往上摆，两页之间间隔两毫米即可。摆了十几张之后，在上面盖一张稍厚一点儿的纸，用镇纸将书也压上，以防止移动；根据纸张的厚薄调好糨糊；把盖在书页上的厚纸移开，用毛笔蘸糨糊在书页的四周边缘涂抹，再把两长、两宽的四张纸条粘贴上去。贴的时候，要从靠近身边的一头往上贴，先拼接天头地脚，再拼接左右两边书脑。贴完后上面再盖一张纸，用手按压，使纸条与书页粘牢；然后将它们翻转过来，让书页正面朝上，按顺序放在夹干书页的纸板上，上面盖上纸，压平即可。拼镶书页要一沓一沓地做，最后将书页按原来的痕迹折好、装订就可以了。

第二，挖镶法。具体操作流程是：第一步是将配补书页的版面沿着版框挖下来。为了使挖出来的版框边缘留有毛茬（这样镶补后不会留下纸边的痕迹），不能用刀裁，而是用挑针沿版框划一条深痕。具体方法是把书页正面朝上，放在一块用软性木材制作的木板上，上面用一根透明尺压着版框，并稍留一点儿余地，接着用挑针沿版框划出一条似断非断的线，然后一只手拿着书页的左上角，另一只手从左到右轻轻撕拉版框外面的纸，兜一圈后，版心和框外的纸就脱开了。第二步是对挖下来的版面进行镶补。将书页背面朝上放在工作台上，在书页四周涂抹上宽约两毫米的浆水，拿一张预先裁好的比原书稍大的配纸铺到书页上（注意对齐配纸与书页的纹路），然后用棕刷刷平，使配纸与书页粘在一起。第三步是去除版框内多余的配纸。用毛笔蘸水在书页背面沿版框四周划湿，用镊子挑起一只角，把版框内多余的配纸揭开，慢慢撕去，注意不要把镶接的地方撕坏。最后用棕刷再在书页背面刷一遍，使书页与配纸牢固地粘接在一起。等到全书一页一页都镶补完后，即可夹干、压平、装订。

（四）古籍的校勘

1. 校勘的含义

校勘是在古籍定稿之前所要做的工作之一，而校对是在古籍定稿之后、出版之前必须要完成的一道工作程序。"校勘"是由两个同义的单音词所组成的双音词。"校"是考核查对的意思，"勘"是复核审定的意思。两者合在一起，在古籍整理中具有特定的含义。所谓校勘，就是把一种古籍的不同版本尽可能齐全地搜集起来，选择其中一个相对较好的版本作为底本，再参照其他各种版本，比较它们在篇章编排、内容文字方面的异同，订正其中的错误，力求恢复古籍本来的面貌。它实际包括审异同、订谬误两个方面的工作内容，这也是校勘方法被人分为"死校法"和"活校法"的原因。校勘的目的和任务在于为读者阅读和研究古籍提供符合或接近古籍本来面貌的文本。至于古籍中原有的观点是否正确、评论是否得当、体例是否合理，都不是校勘所要解决的问题，校勘所要做的只是"还原"古籍。因此，校勘最大的忌讳就是臆改原文。

2. 古籍校勘的方法

（1）对校法

陈垣指出："对校法，即以同书之祖本或别本对读，遇不同之处，则注于其旁，刘向别录所谓'一人持本，一人读书，若怨家相对'者，即此法也。此法最简便，最稳当，纯属机械法。其主旨在校异同，不校是非，故其短处在不负责任，虽祖本或别本有讹，亦照式录之；而其长处则在不参己见，得此校本，可知祖本或别本之本来面目。故凡校一书，必须先用对校法，然后再用其他校法。"对校法的基本要领就是首先要搜集一书的各种版本，然后对各种版本进行鉴定，最好能弄清楚它们之间的源流关系，从中找出祖本作为校勘的底本。如果没有祖本，则从中选择一个善本（如旧本、足本、精本）作为底本，并按各本的校勘价值分为可供对校的主校本、辅校本和参校本。

（2）本校法

陈垣指出："本校法者，以本书前后互证，而抉摘其异同，则知其中之谬误。吴缜之《新唐书纠缪》、汪辉祖之《元史本证》，即用此法。此法于未得到祖本或别本以前，最宜用之。予于《元典章》曾以纲目校目录，以目录校书，以书校表，以正集校新集，得其节目讹误者若干条。至于字句之间，则循览上下文义，近而数叶，远而数卷，属词比事；牴牾自见，不必尽据异本也。"

本校法是在没有祖本和别本可依据的情况下使用的，其基本要领就是以本书前后文字进行互证，遇到前后不一致或相互冲突矛盾的地方，要查明差异的原因，判断其中哪个为正确的，哪个为谬误的。因为一本书的各个组成部分之间，在语言形式和思想内容方面，都会不可避免地相互联系着，本校法正是利用这个特点来进行工作的。这种方法因为不借助其他版本，所以称之为本校法。首先，可根据上下文的语词和句式结构来校勘古籍。其次，可根据上下文的语义和逻辑关系来校勘古籍。最后，可根据上下文的文辞押韵来校勘古籍。

（3）他校法

陈垣指出："他校法者，以他书校本书。凡其书有采自前人者，可以前人之书校之；有为后人所引用者，可以后人之书校之；其史料有为同时之书所并载者，可以同时之书校之。此等校法，范围较广，用力较劳，而有时非此不能证明其讹误。丁国钧之《晋书校文》，岑刻之《旧唐书校勘记》，皆此法也。"

他校法的特点在于，它所依据的既不是同书的不同版本，也不是同书的上下文内容，而是不同种类的其他书籍。当然，这些不同种类的书籍与本书之间有征引关系，包括"其书有采自前人者""其书有为后人所引用者""其史料有为同时之书并载者"，或是不同种类的书籍在内容叙述上有重叠交叉之处，都可用来校勘。具体主要有：据类书引文校勘例，据古注引文校勘例，据他书引文校勘例，直接据他书校本书例。

（4）理校法

陈垣指出："段玉裁曰：'校书之难，非照本改字不讹不漏之难，定其是非之难。'所谓理校法也。遇无古本可据，或数本互异，而无所适从之时，则须用此法。此法须通识为之，否则卤莽灭裂，以不误为误，而纠纷愈甚矣。故最高妙者此法，最危险者亦此法。"

理校法的特点在于，它既没有祖本或别本可作依据，也没有相互征引的情况可供查核，校勘者完全依赖自身的知识素养和学术能力来发现古籍中不通、不当、不对之处，并运用逻辑推理的方法校正错误。这是一种对校勘者要求最高的方法，也是一种最容易出错的方法，因而须谨慎使用。当然，理校法也不是全无依据，还是可以根据语言、体例、史实等来进行推理的。

（五）古籍的辨伪

1. 古籍辨伪的含义

辨伪，通俗地讲就是通过文献考据的方法辨识古籍的真伪。辨伪有广义和狭义之说。广义的辨伪一般指对古籍文献内容所反映的史实、名物、学说真伪的考辨，主要是"辨伪说"，属学术思想研究的范围；狭义的辨伪指对古籍本身的属性，包括作者、年代、内容文本真伪的考订，主要是"辨伪书"，属传统古籍整理的范围。经过辨伪弄清楚了伪书的真实作者和写作时代，也可以帮助我们正确地利用古代的伪书。伪书之所以有害，是因为它们给了我们错误的信息，造成了作者和时代的错位。但当我们还原了它们本来的作者和写作时代，其文献价值就凸显出来了。

2. 古籍作伪的情况

从行为动机的角度，伪书可以分为 3 类：①主观故意作伪的伪书；②主观过失造成的伪书；③客观因素促成的伪书。

从存在形态的角度，伪书可以分为 4 类：①内容形态全伪之书；②内容真伪混杂之书；③内容真而形态伪之书；④本真而误认有伪之书。

从实现方式的角度，伪书可以分为 8 类：①有掇拾古人之事而伪者；②有挟辑古人之文而伪者；③有假传古人之名而伪者；④有蹈用古书之名而伪者；⑤有自隐假托他名而伪者；⑥有剽窃题属自名而伪者；⑦有后世臆改妄题而伪者；⑧有后世增补附益而伪者。

3. 古籍辨伪的方法

（1）考察书目著录变化

任何一部古籍只要在历史上真实地存在过，总会留下一些痕迹，其中书目著录就是一个很重要的方面。通过历代书目著录情况的变化来辨别古籍的真伪，是古籍辨伪最常用的方法。有三种情况，一是古籍著录有无变化。如果一部古籍在历代书目中从来没有被著录过，而突然以完整的面目出现，则作伪的可能性很大；二是古籍卷数的著录变化；三是古籍作者的著录变化。

（2）考察文献征引情况

如果一部古籍从未见任何文献征引，则可疑为伪书。如果一部古籍被他书征引，但被征引的文句与其传本大异，或不见于传本，则所谓的传本就大大可疑。如果一部古籍征引的文献实为后出之书，则该古籍必定有伪。

（3）考察史实与名物典制

古籍中所记载的历史事件、年号、庙号、人名、地名、官制、书名等都是有具体的时间信息的。这些史实和名物典制所反映出来的时间信息，如果比作者所处的时代更晚，则这部分内容肯定存在作伪，因为作者是不可能预知未来的。

（4）考察作者生平及著述

通过正史、方志、文集等可查考古籍作者的传记、墓志铭、神道碑等，这些资料对于作者的生卒年、履历、重要事迹及生平著述等一般都有详细的记载，也可以借助这些信息辨伪。

（5）考察文体和语言风格

古代任何一种文体的产生都是有其时代上限的，时代的文体也会在作者的著书写作里留下痕迹。因此通过文体来辨古籍真伪是切实可行的。

（6）考察作者思想观念

古代著述总是要体现和传播作者的思想观念的，而思想观念无不带有鲜明的时代烙印和个体特征。如果作者生活的时代根本不可能产生古籍中所表达的思想观念，或是古籍所要表达的思想与作者一贯的思想主张相矛盾，那么古籍就可能存在作伪的情况。

（六）古籍的编纂

1. 古籍编纂的含义

所谓古籍编纂，是指为了满足读者某一方面的文献需要，按照选题及体裁的要求，对已有古籍的内容进行搜集、筛选、审核、加工、编排、评价，形成新的内容集合体的过程。研究古籍的编纂包括两方面的内容：一是研究中国古代已有文献的编纂类型、体例和方法，总结其历史经验；二是研究今天该如何对遗存的古籍进行编纂整理，以满足当代读者对古籍的文献信息需求。

2. 古籍编纂的类型

（1）编述

编述是将已有文献的内容，用新的体例重新加以组织改造和融会贯通，编成适合于需要的新的文献。前提是必须有现成的文献，特点是编者用自己的话去复述、解释、引申原作的内容。原作的内容虽然被融会贯通到新著之中，但字句不会原文呈现。编述而成的古籍主要有三大类型：史书类、注释类、翻译类。

（2）抄纂

古籍的抄纂，是"将过去繁多复杂的材料，加以排比、撮录，分门别类地用一种新的体式出现"。它的特点是对原文不加改纂地照抄，新作中可以明显地看到原作的字句。由于抄纂目的和侧重点不同，抄录出来的内容有不同的组织方法。根据这些内容组织方法，抄纂还可以划分为以下八种形式：选编、节编、摘编、汇编、类编、令编、合编、改编。

3．古籍编纂的方法

（1）选题的策划

围绕特定选题开展古籍编纂，相当于以定题服务的形式满足学术研究对专类文献的需求，这符合学术研究的一般规律，也深受人文社会科学研究者的欢迎。

判断一项古籍编纂的选题是否有价值，可从以下五个方面入手：一是学术价值。即看古籍编纂的来源文献，它们在古代哲学、史学、文学、艺术、科技等各自的领域内反映古人在学术文化和科学技术方面的思想、主张和达到的成就，以及它们在古代学术史中所处的地位。二是艺术价值。这主要针对古代文学艺术作品而言，看它们在文艺创作方面达到的高度，是否有艺术代表性。三是资料价值。特别是对那些史料汇编、丛书、总集、类书等资料书的选题而言，要对它将来收录文献的全面性、丰富性作出判断。四是教育价值。古籍编纂不仅承担着传播文献信息的任务，同时还兼具社会教育的功能，在继承传统文化的精华、塑造民族精神方面具有不可替代的作用。五是实用价值。即看它对当前社会实际需要的满足程度，如中医药古籍的编纂就关系到人们切身的健康需求。

（2）凡例的拟定

"凡"，就是确定全书总的体裁，阐发全书的要旨；"例"指具体编写体例、格局、规则；"起例"就是创立、举出可供作为操作样板的实例。所谓"凡例"，用今天的话讲，就是书前说明全书内容大旨和编写体例的介绍性文字，同时也是在编纂之前制定的，供编者在编纂过程中遵守的操作条例。

古籍编纂凡例的拟定要明确以下几个问题：①内容范围。选题一旦确定，后面所有的古籍搜集、整理、加工活动都必须在选题的主题范围之内展开。②文献来源。说明收录古籍的起讫年代、文献类型、馆藏出处等情况，让读者对古籍编纂的价值有所认识。③版本选择。版本是古籍的重要属性，古籍编纂时尤其要明确同书异本选用的基本原则、主题、文体，并以此搜集文献，选材标准相对单一，就是判断它与主题的相关性或是否属于某种文体。④加工方法与形式。对于不同体裁的古籍编纂而言，加工方法与形式是不一样的。为了体现"起例"的作用，凡例中可以用举例的方式说明加工的方法和形式。⑤编排体例。即说明抄纂方式和内容组织形式，如是按分类编排还是按时代顺序编排。

（3）资料的搜集

选题和凡例确定后，下一步就是围绕选题展开资料的搜集工作。资料搜集过程中，编者应有意识地遵循"全面查找""宁多勿漏""博约得当"的原则。

（4）文献的选材

通过全面查找获得的古籍资料，并不是最终都能收录到出版物中去，古籍资料辨别真伪后需要再经过选材环节。必须强调的是，选材并不仅仅是针对选编、节编、摘编而言的，包括汇编、全编、类编在内的几乎所有编纂形式都需要对汇集的材料进行筛选，博中求精。一般来说，衡量一个选题的价值，可从材料的思想性、艺术性、学术性、典型性、针对性五个方面来进行综合评价和选择。

（5）正文的转录和加工

转录，也称原文转达、抄录，是指编者将选材后的古籍原文内容如实地转移到新的载体之上，并根据现代出版规范的要求，对其字体、格式、符号等进行必要的技术性处理。出于保护古籍的目的，我们不可能直接在古籍上进行加工，只能将其内容转移到新的载体上，比如纸张、电脑等。

（6）辅文的编写

辅文是正文以外编者所加，帮助读者理解和使用正文的部分。辅文的编写最能体现编者的编纂水平，是影响编纂质量的重要因素。辅文按其在古籍出版物中的具体位置，可以分为以下三种：一是提示性辅文，它放在出版物之首、古籍正文之前，使读者对整部古籍出版物的总体状况有一个完整的把握，起提纲挈领的作用。提示性辅文主要有序言、编辑说明、目录三种形式。二是插入性辅文，提示性辅文是针对整部古籍出版物编制的，而插入性辅文是针对收录在古籍出版物中的单篇文献，或单篇文献中的某些文字内容编制的，穿插在正文中出现，帮助读者理解正文，获取相关知识背景信息。插入性辅文主要有题解、按语、注释、插图等形式。三是补充性辅文，补充性辅文是放在古籍出版物的正文之后，帮助读者更好地利用编纂成果，向读者提供更多的检索途径、更广的研究资料以及更多的背景信息，为读者编写的辅助性工具，包括索引、年表、参考文献、附录、跋文等。

以上是古籍整理的基本过程，古籍的整理多数依靠的是纸质类型的材料，而且对于图书馆来说，可供长期存在的纸质类型的书籍是以古籍类的和时代畅销的经典图书为主的，所以做好资源本身的整理和管理工作是很重要的，其中古籍整理的方法和整理思路也是可以应用到其他纸质类型馆藏资源的管理上的。

第三节　数字类型的馆藏资源的管理

一、数字类型的馆藏资源的含义

数字类型的馆藏资源是利用计算机技术、网络技术、数字化技术用数字化的方式将信息资源存储在存储系统中，通过网络设备和网络将信息资源传递给不同地方的用户，从而做到不受时间、空间限制共享资源。它在形式上不再以纸质形式存在，而变成数字信息文字存在于网络上，或者变成生动形象的视听材料。数字类型的馆藏资源不同于传统纸质类型的馆藏资源，它超出了图书馆的时间和空间限制，以一个"系统化""网络化"的资源方式存在于人们的生活中，它更接近于人们的理想生活，让信息资源的取用内化成了一种便捷的生活方式。

二、数字类型的馆藏资源的主要种类

第一，根据资源的存贮位置分为现实资源和虚拟资源。现实资源指本馆所拥有的数字化资源，是置放于本地的信息资源　虚拟资源是指通过网络才能获取的置放于异地的信息资源。

第二，根据信息资源本身形式分为数据库、电子图书、电子期刊、电子报纸、联机馆藏目录库（OPAC）、网络资源、音像资料、动态的信息和通告等。

第三，根据资源的格式不同分为文本（TXT、DOC、PDF、HTML、XML 等）、图片（BMP、GIF、JPEG、PNG、TIFF 等）、音频（WAV、MID、MP3 等）、视频（AVI、MPG、MPEG、DIVX、RM、ASF、WMA、MOV 等）、三维虚拟影像（VRML）等。

三、数字类型的馆藏资源的特征

（一）文献信息化

信息时代的优点是产生迅速，传播及时。这一优点在图书馆信息资源的利用方面得到了很好的贯彻。可以及时追随社会进步的步伐，了解社会时事，收集日期最近、内容最全的知识信息资料，以满足读者需求，使读者不再是无书可看、无文可找。同时，图书馆管理员利用计算机技术将文献及时收录在文献数据库和光盘管理系统中，图书馆的资料储备量也随之不断完善和壮大。

（二）网络共享化

传统图书馆的图书管理模式是读者借阅图书后再按期归还，短期内只是读者自身知识储备量的增加，难以实现真正的文化传播与交流的目的。小范围的知识交流永远是闭塞的、狭隘的，而利用计算机技术建立的图书馆文献信息平台，就可以及时解决这一问题。在网络平台上的资源共享，所查找的文献资料不只是原有平台内的信息，可以跨不同地区、不同图书馆共同寻找，扩大了信息交流范围，最大限度地发挥了现代图书馆信息资源的优势，极大地满足了读者的需求。

（三）载体多元化

随着知识更新速度的不断加快，传统的更新速度慢、内容存储量小的纸质媒介已经难以满足读者的需求。计算机技术的不断发展，网络存储、硬板容量和数据库的日益扩大，可以将更多的图书馆文献资料存储其中。读者不再是抱着沉甸甸的书籍，而是使用更加精巧的便携式知识设备。另外，电子书、网上图书馆的出现，电子阅读器等阅读硬件的发展，可以让读者随时随地地学习，使知识的取用更加便捷高效。

四、图书馆数字类型的馆藏资源建设的原则

（一）共建共享原则

图书馆应主动参加地区或全国性的文献保障体系建设，分工承担文献资源的收藏工作。各馆之间要互通有无，日常加强在馆图书信息的交流和合作，避免出现图书资源大量重复采购的问题，提高资源的利用率，实现资源共建共享，

发挥图书馆的整体优势。

（二）效益性原则

资源建设的根本目的是开发利用资源，使资源建设发挥出最大的使用效益。效益性原则是馆藏文献资源合理构成和配置的重要依据。馆藏资源的利用率是馆藏资源使用效益的最佳体现，图书馆应掌握不同层次读者的不同需求和需求的变化，根据资源利用率，及时合理调整资金投口，以提高资源的使用效益。

（三）特色化原则

特色化是图书馆在信息时代下配置信息资源首先要考虑的重要因素。图书馆应充分利用传统馆藏优势，大力开发网上资源，建立本馆实体和虚拟资源特色数据库，为实现网上资源优势互补与资源共享打下基础。

五、数字类型的馆藏资源管理的方案

（一）不断完善制度建设，建立资源共享机制

在今天这个知识信息大爆炸的时代，人们需要更多的知识和信息来满足生活和工作。图书馆一直以来作为知识传播的主要承担者，在为人们提供知识服务方面有重要的使命和责任。为此，图书馆之间要加强馆际合作和资源共享共建，根据自己的实际情况，规范好科技资源的投入、管理和使用等相关环节。聚合力构建一个网络化的知识信息资源平台，建立一套系统化、多元化的文献传递系统，为读者提供更高效的知识信息服务。

（二）广泛普及新技术

时代在进步，社会在发展，图书馆应该抛弃传统老套的技术，大力引进新技术，紧跟时代步伐。如今图书馆的体系结构正由传统实体图书馆向虚拟图书馆并存转移，人们通过互联网可以在任何地方、任何时候，自由地索取所需要的信息资源，这正是共享"大公共图书馆"服务模式。因此，图书馆要引进和使用中文信息处理技术、多媒体技术、缩微技术、数据库技术等来建设图书馆，也要想办法扩大图书馆的馆藏储量和提高信息检索技术能力，以期为读者提供更加便捷的服务。

（三）适应网络化进程，开发特色数据库

图书馆网络建设非常重要的部分就是数据车的建设，图书馆在进行数据库

建设时，首先要根据当地的特色以及图书馆的实际发展情况进行资源的合理购置，避免资源浪费以及使用不当的问题。其次，要依据实际情况有选择地引进国外的有用资源，达到拓展信息服务的功能。图书馆在进行数据库建设开发时，要注意与网上的地方文献信息和特色地方文献进行核对，使所建设的数据库在内容丰富的同时，也要有自身的特色。最终的建设目的是实现数据库为当地的文化、经济以及科技的发展提供有价值的资源支持。

（四）制定图书馆数字类型的馆藏资源的管理制度

数字类型的馆藏资源的管理与传统的纸质类型的馆藏资源的管理是不同的，一个是现实的可触摸到的实体，一个是虚拟的数字化形式。图书馆应根据自身的特点和实际发展情况，制定本馆数字类型馆藏资源的管理制度。比如，针对软件设备来说的安全使用手册，针对图书馆网站技术来说的安全维护制度，以及选择数字资源时需要注意的知识产权问题、使用权限问题，这些都是需要考虑应对措施的。因此，针对这些问题，图书馆应就实际情况专门制定一套系统化的数字馆藏资源管理制度，以更好地实现对不同馆藏资源的针对性管理。

（五）提高馆员素质是深化网络信息服务的保证

网络建设的关键是为了更好地服务读者，最大限度地迎合读者的需求，而这一切的实现是建立在图书馆馆员的服务上的。因此，要想深化图书馆的网络信息服务就需要提高管理人员的整体素质。图书馆要在人才选聘时，要注意选聘一些具有管理素质和拥有计算机技术的复合型人才。在对在馆员工培训时，要注意对其进行新技术的培训，以及一些网络安全和知识产权等法律知识的培训。这些培训对图书馆馆员专业素质的提高是非常有必要的，图书馆馆员不能只有一颗热情服务的心，还要有扎实过硬的专业本领。因为在面对日益数字化的信息发展趋势，馆员只有拥有过硬的专业技能才能够为读者提供更好的服务。

六、图书馆数字信息资源存储的管理开发

随着信息时代的到来，构建合理的数据存储平台，实现数据的集中存储、分辨和共享是数字类型的馆藏资源面临的首要问题。

（一）直接连接存储（Direct Attached Storage，DAS）

DAS 是指将外置存储设备通过电缆联接，直接联接到每台计算机上。信息

资源存储是整个服务器结构的一部分，在这种情况下往往是信息资源和操作系统都未分离。DAS 这种方法，能够解决单台服务器的存储空间扩展和高性能传输需求，并且单台外置存储系统的容量已经增加，随着发展存储系统的容量还会上升。此外，从趋势上来看，DAS 仍然会作为一种存储模式继续得到应用。直接连接存储是在网络存储技术中最先被采用的，如果系统用户对系统存储性能要求很低时，直接连接存储是比较常用的存储系统。但是直接连接存储只适合小型数字图书馆，当存储容量需求巨大时，则需要采用 SAN 和 NAS 等存储系统。

（二）网络连接存储（Network Attached Storage，NAS）

NAS 作为一种概念是 1996 年在美国硅谷提出的。网络连接存储系统由文件服务器、存储设备等组成。网络连接存储以太网作为存储系统的基础，系统通过以太网接口把网络存储设备接入网络中，并且使用网络文件共享协议对系统的文件和目录进行共享。网络连接存储的优点主要表现在以下几个方面：

第一，NAS 存储系统如果需要对存储进行扩展，不必停止网络便可以直接接入。管理人员能够比较快地把一个网络连接存储安装到一个已经在运行的网络上，只需要很简单的技术便可以实现，省去了复杂的架构、配置等操作。

第二，NAS 具有经过优化而且相对独立的存储操作系统。由于具有存储操作系统，服务器对存储系统的干预相对减少，NAS 中的设备允许用户在网络上对数据进行存储，那么中央处理器（CPU）的开销也相对减少了，因为减少对网络带宽的占用，网络整体性能被显著提高。

第三，管理方式简单。基于 Web 的系统管理界面使网络连接存储设备的管理变得非常简单，系统管理员可以很简单地通过接入 Web 的计算机的浏览器进行对存储设备的远程管理。同时可以在不断网的情况下，增加在线的存储设备。一般来说，网络连接存储在中小型图书馆有较好的应用前景。

（三）存储区域网络（Storage Area Network，SAN）

SAN 是独立于服务器局域网络之外的，采用高可靠性的存储协议（SCSI 协议），使用光纤通道将存储设备、服务器连接到光纤通道交换机上而构成的高速专用存储局域网，是一种将存储设备、连接设备和接口集成在高速网络中的存储技术。

SAN 一般把光纤作为数据传输介质，采用集中式的存储策略，在存储设备与服务器之间通过存储区域网络进行连接，把多级分散的存储有机地结合在一起形成一个集中管理的网络存储系统。在 SAN 中，服务器被存储区域网络取代对整个存储过程进行管理和控制，服务器只负责系统的监督。从而减少了对服务器处理时间的占用，服务器就可以把更多的 CPU 时间用在服务请求的处理上，提高服务器的吞吐力。存储区域网络中的存储设备之间彼此可以进行备份，很好地减少了因备份占用的网络带宽。相比很多传统的存储技术，存储区域网络主要有以下几个优点：

第一，SAN 具存储无限扩展的能力。因为 SAN 采用的是网络存储结构，所以服务器可以连接在存储网络上的任何一个设备，从而随着用户需求不断变化的系统存储空间和处理能力都可以按需求同步变化。

第二，SAN 具有更高的数据处理能力和网络连接速度。SAN 采用的专门设计的光纤通道技术非常适合大规模的数据传输，最大传输速率是 200Mbps。数据也可以进行远距离传输，存储区域网络使用光纤作为传输介质，光纤最远的连接距离为 10km。

第三，SAN 使用的是专门的网络，进行数据通信不占用主网络的带宽，对主网的性能不会产生影响。随着数字图书馆资源的全面整合，存储区域网络更适合在大型数字图书馆中投入使用。

七、云存储技术

（一）云存储含义

云存储是通过网格技术或分布式文件系统等功能，将网络中各种存储设备通过应用软件集中起来协同工作，共同对外提供数据资源存储和业务访问的一种系统。云存储的技术非常适合数字信息资源的存储，所有的信息资源都存储在云中，从而能更方便资源的共享。同时，数据的管理、维护都更方便。

（二）云存储的体系结构

数字资源的云存储系统就是在现有设备的基础之上，构建一个整合存储网络，力求使其实现更多现代图书馆之间的资源共享，满足急剧增长的数据量需求。云存储体系结构共分成 4 层：

最底层是存储层，也是数字图书馆云存储的硬件层。该层为整个云存储系统提供基本的网络环境、物理存储资源和逻辑存储资源，包括存储设备（磁盘阵列、光盘库和磁带库）、存储管理设备、数据逻辑存储系统（文件系统、数据库和元数据集）等。其中云存储系统中的存储设备大部分是现有的存储设备通过网络连接整合形成。而统一的存储管理系统，可以实现存储设备的虚拟化管理、多链路冗余管理以及硬件设备的监控和故障维护。

第三层是应用层，为用户提供了数字信息资源存储平台和数字图书馆各类 Web 服务，包括信息采集、加工、管理所需的存储；信息的发布与服务所需的存储以及容灾备份等所需的存储。同时，数字图书馆中的业务管理、书目管理即图书馆公共检索系统（OPAC）等，通过应用层共享云端平台，图书馆管理人员都可以更方便地访问与管理。

第二层是基础管理层，是数字信息资源云存储的核心层。该层通过集群、分布式文件系统、网格计算等技术，实现云存储中的多个存储设备间的协同工作，包括存储监控、调度、副本管理等，可以根据数字图书馆的需求在某个时刻对外提供同一种服务，并提供更大、更强、更好、更丰富的数据访问性能，保证用户可以同时访问使用数字图书馆资源。此外，该层还采用各种数据备份、数据加密、数据容灾技术来保证数字图书馆存储系统中数据的自身安全和稳定。

最上层是访问层。任何一个获得授权的用户，只要拥有能够接入互联网的终端设备，如 PC、手机、移动多媒体等，就可以在任何时间、地点通过应用层的数字图书馆资源存储平台使用数字图书馆资源的云存储服务，满足自己的信息需求。

（三）云存储的安全问题

根据 2009 年云安全联盟（Cloud Security Aliance，CSA）发布的一份云计算安全风险简明报告总结了 7 条最常见的风险：滥用和恶意使用云计算、不安全的接口、内部员工的滥用、基础设施共享问题、数据丢失或泄露、账号或服务劫持、未知的风险。云存储在数字信息资源的存储应用中主要存在以下安全问题：

1. 数据传输过程安全

数字信息采用云存储模式，原来看不见的资源和数据现在出现在互联网上，并且这些资源和数据放到了云计算提供商的共享公共网络上。图书馆在将信息资源数据通过网络传递到云计算服务器进行处理时，会存在这样的问题：数据在网络传输过程中是否进行了严格加密，能否保证数据不被中途侦听，即使被侦听了也无法还原；能否保证数据的完整性；在传输过程中能否不被莫名其妙地修改。

2. 数据存储安全

数字信息资源数据存储在云存储系统中，它所使用的基础设施是共享的，非隔离的，当一个攻击者得逞时，全部服务器都将成为攻击者的攻击对象。所以数据存储是否安全要看云计算服务商是否有强大的分区和防御策略；是否有强大的实时监控系统防止有未经授权的修改和活动；对所托管数据是否进行备份，备份使用的是单服务器多硬盘方式还是多服务多硬盘方式，是否实现异地备份。

3. 数据访问控制安全

数字信息资源数据在云计算提供商的公共云存储时，恶意软件和"木马"病毒将会在云中变得更强大，垃圾邮件发送者和恶意代码作者可以利用云服务中的匿名注册和云服务模式进行网络犯罪。在云环境中，如果攻击者能够获得用户的凭据，他们可以看到用户的活动，处理用户的数据，并给云计算服务提供商的客户端制造问题。另外，当用户不再需要已分配的 IP 地址时，云计算提供商会再分配给其他用户使用。IP 地址再分配使用就会带来问题，用户无法确信他们对资源的网络访问能否随着 IP 地址的释放一并被终止，因为从域名系统（Domain Name System,DNS）中的 IP 地址改变到 DNS 缓存清理，这之间存在一段时间延迟。因此在老的地址被清楚之前，还会一直存在于地址解析协议（Address Resolution Protocol,ARP）缓存中。这意味着即使地址可能已经变化，原先的地址在缓存中依旧有效，因此用户还是可以访问到那些理应不存在的资源。虽然资源可能无法通过互联网直接获得，但出于管理的目的，这些资源却可通过专用地址在提供商网络上进行访问。图书馆的云计算提供商的其他用户也有可能从内部通过云计算提供商的网络获得图书馆资源。

4. 云存储服务商信用

由于数字信息资源数据存储在公共云上，我们不能保证云服务商在得到数据时不将保密数据泄露出去。有些云服务商的服务合同中规定：我们对于任何未经授权的内容或应用的程序不负有责任。像这种在合同中不承诺对任何数据泄密事件以及被破坏行为承担法律责任或义务的服务商就很难保证数据的安全。

5. 知识产权保护

数字信息的知识产权问题在云时代有了新变化。图书馆购买云存储服务后，将自己的数据交给"云"，由"云"托管这些数据。从理论上讲，图书馆应该完全拥有被托管数据的知识产权。但是在现实中，云存储商会千方百计利用这些数据，并以数据整合、数据挖掘、知识服务的名义使图书馆数据利用合法化。使得他们利用馆藏数据开发出来的一些产品很难界定知识产权的归属，这就成为了一个新问题。

（四）云存储数据的安全保护策略

数据安全必须从整个运行过程来考虑，采用功能完善、安全级别高、技术强大的数据安全保障系统，确保图书馆云中的数据在"产生、传输、处理、销毁"等数据处理过程中的安全。以下介绍几种关键的保护策略。

1. 身份访问控制

在使用图书馆云存储系统时，用户身份认证对于"云"中的数据安全是至关重要的，云服务提供商可以根据数据密级程度以及用户对信息需求程度的不同，将数据和用户按从高到低划分成不同等级，并严格按照等级来控制用户对数据的访问权限。在身份认证时可以采用挑战—应答的方式进行验证，提高系统防御能力。

2. 数据加密存储

图书馆云存储是基于网络的，如何确保数据在上传和下载过程中不被攻击者截取以及如何确保系统管理人员无法将数据出卖给竞争对手。无论是从行业规范层面、技术层面还是法律层面来看，数据加密存储就是确保数据安全的一个重要技术手段。研究适用于图书馆云存储系统的数据加密技术迫在眉睫，加密技术要提供端到端加密存储及密钥长期存储和共享机制，提高密钥存储的安全性、分发的高效性及加密策略的灵活性。数据加密方式分为两种：对称加密算法和非对称加密算法。对称加密算法的特点是计算量小、加密效率高、加密速度快、算法公开；非对称加密算法具有分配简单，易于管理，不需要复杂的协议和秘密的通信来传送密钥，可以实现数字鉴别和签名等，安全性相对较高。

3. 数据完整性校验

数据完整性是信息安全的三个基本要点之一，它是证明用户收到的数据是否与原始数据之间保持完全一致的手段。用来抵抗非法分子蓄意破坏、篡改等行为。

4. 数据销毁与恢复

数据销毁和恢复设备必须有严格的技术要求，应具备完善的数据容灾和设备故障监测等功能，同时还必须具有稳定、全面、快速、易用、安全等性能。在管理方面，要设计科学的数据信息安全管理流程。数据信息安全管理包括网络管理、数据管理、设备管理、人员管理等方面。要涵盖数据信息安全预防保障、日常监控、数据销毁、数据恢复和事后应急响应等全方位的数据信息安全保障管理措施，全面落实图书馆数据信息安全管理制度，依靠完备的数据信息安全管理体系，为重要信息系统中的数据信息提供安全保障。

5. 安全而灵活地进行数据共享

安全而灵活的数据共享是云存储不同于其他存储形式的一大特性。云存储用户不但可以将个人或企业的数据上传到云端，获得云存储技术提供的具有可靠性、可用性、完整性的服务。同时，也能够进行数据的传输与共享，从而省去了很多设施建设与投资的费用及成本。可以预见，现阶段在用户基本需求得到满足的情况下，云存储必定要向数据共享方面发展。以其特长立足，才是发展的根本。

（五）数字资源管理中使用云存储技术的优势

云存储作为一种新的服务存储，应用云存储不仅能提高图书馆信息资源的利用率，而且能提高现代图书馆之间的信息资源共享度，可以实现性价比最优以及信息资源存储效率最优。较以往的存储方式，数字资源管理中应用云存储具有三大优势：

第一，云存储技术能够降低存储成本。

云存储向图书馆用户提供以网络为基础的在线存储服务，把云存储集群的一部分提供给图书馆用户。对于图书馆用户来说，就是通过网络和一定的应用软件或应用接口得到一定类型的存储服务和访问服务，不需要配置基础设施，并对这些基础设施进行安装、升级和维护，以及数据完整性保护和容灾备份。云存储通过多租户模式使得使用成本和管理成本大幅度降低。云存储所应有的程序、服务及相关数据都存放在提供者"云"商处，数字图书馆不需要做前期的投资和建设，更无须担心以后的改进和升级，因而图书馆可以将有限的资金用在为读者服务创新中。同时，云存储技术将信息资源存放在云端，云端的各种服务器和计算设备是通过良好整合后的云集群，不仅费用低，使用也更快速方便。

第二，云存储能够有效地保护图书馆信息资源的安全。

信息资源的访问安全和访问控制是数字馆藏资源管理的核心内容之一。图书馆在日常事务中，会遭到大量的黑客攻击，包括数据的窃取、篡改或者恶意的攻击等，这会导致数字类型资源的设备和信息无法正常地为合法使用者提供服务。但是云存储的出现，改变了这一现状。云存储把信息资源和数据存储在不同的节点服务器上，把数字信息资源集中有序存放，自动生成数据备份，一旦磁盘损坏，系统会自动再生成数据备份在不同的节点服务器上，使信息资源数据能及时得到恢复，确保了信息资源数据的安全。另外，云存储数据易于实现信息资源数据备份或迁移，有利于对其安全的监控和访问控制。同时，通过各种容灾技术可以保证云存储中的数据不会丢失，从而保证云存储的安全和稳定。图书馆采用云存储，当用户突然增多、访问量突然加大时，通过云存储系统，利用其自身的分布式系统、集群系统，能合理分担存储和访问的压力，有效地防止图书馆系统瘫痪，提高数字信息资源存储系统的稳定性。

第三，云存储技术使信息资源数据的共享更进一步。

信息资源检索是现代图书馆所提供服务中的重要内容之一。采用了云存储技术后，对于使用者而言，可以通过这项技术获得更多的计算能力，在信息资源检索方面的表现是具有更准确、更快速、范围更大的检索效率。开放性是云存储系统的一个重要特征，云存储的出现使得不同种类的数字信息资源实现互相整合，信息资源被统一管理和使用，是用现有的网络基础设施为用户提供一体化的智能信息资源平台。虽然信息资源被存储在不同的位置，但是对于访问者来说，可以不必理会这些信息资源的存储位置，这大大提高了数字信息资源的共享程度。在云存储系统中，所有数字信息资源都保存在"云"中，所有符合权限的读者只要通过互联网连接到"云",就可以不受物理地址和时间限制地访问所有资源,使得图书馆信息源之间的资源共享范围更大。

对图书馆数字类型信息资源的存储管理是实现图书馆资源优化的重要环节,只有做好图书馆的纸质类型和数字类型的馆藏资源管理,从资源存储的源头入手去把握质量和存储效果,这样才能让图书馆在之后的用户服务上更好地发挥其知识服务的作用。

第五章　图书馆馆藏资源的整体规划管理

图书馆馆藏资源的管理不仅涉及针对主体馆藏资源为核心的管理，还涉及围绕馆藏资源相关的管理与规划，主要有藏书建设方面、馆藏资源采购方面和馆藏资源宣传方面的一系列规划管理。对图书馆馆藏资源进行整体规划管理是必要的，也是实现图书馆馆藏资源更好管理的途径。应从源头起树立正确的藏书建设意识，从过程中把控新进的馆藏资源，从宣传馆内资源来促进图书馆馆藏资源的使用，让馆藏资源主动"活"起来，让图书馆充分发挥其服务人民的文化职能。

第一节　藏书建设

一、藏书建设的基本概念

藏书建设是指符合图书馆任务与读者需求，经过系统地规划、建设、组织、发展藏书体系的全过程。图书馆的藏书是图书馆各项工作的物质基础，没有高质量的藏书，就不会有高质量的图书馆，藏书的质量直接影响图书馆各个工作环节的开展和图书馆方针、任务的完成。因此，一座好的图书馆首先需要重视它的藏书建设工作。

藏书建设这个词是从古代藏书采访发展演变而来的一个现代图书馆专业术语。自从图书馆产生以来，藏书活动就开始了。近代社会之前的藏书主要还是集中在"藏"，也就是书籍的求购和藏书的保存。近代以来，随着科学技术的发展，不仅书籍印刷制造本身取得了长足发展，变得简单高效，而且其他各个学科也在飞速发展着。如今每年新增图书数以百万计，新增刊物也有至少几十万种，而对浩如烟海的图书期刊，有计划地、科学地、选择性地收集文献日益成为图书馆建设的一项重要工作。另外，各种出版物失效期不断缩短，也使得加强藏书建设变得更加迫切。

二、藏书的特点

（一）藏书的时效性

藏书的时效性指所藏的书是最新的或比较新的（出版日期），主要针对期刊以及内容变化比较频繁的现代出版性图书。在针对古籍藏书问题上，需要侧重的是整理研究和辨别真伪。

（二）藏书的有效性

藏书的有效性指所藏的书一定要有它广泛的读者群，不能为了藏书而藏书。没有读者群的藏书就没有了有效性，图书馆存放的这些书籍如果无法被读者所青睐，那么这些书将会失去它存在的价值。这也对图书采购和阅读推广提出了要求，要先做好读者对图书的需求调查再采购书籍，以及对高质量的冷门书籍的推广宣传，让读者看到书的价值，并且愿意去读一下，这些都是很重要的。

（三）藏书的评估要求

藏书需要有评估要求，一般来说，根据读者借阅藏书的情况，做一个统计和筛选的数据记录，并形成评估报告指导图书馆藏书的采购工作，形成图书馆图书采购的良性循环，这样才可以更好地进行图书馆藏书的建设。

三、藏书形式的多元化

（一）纸质版资料

纸质版资料指传统的印刷型书刊资料。主要包括古籍原本（复印本）、出版书籍、报纸、期刊和其他资料。它既是满足读者最直接、最便利的信息资源，又是资源共建共享的基础，更是图书馆提供上网资源的保障。

（二）数字版资料

数字版资料主要指以代码形式进行文字存储，以数据形式进行信息传递的一类信息资源，包括微缩、声像、光盘和电子书等现代文献。通过把这些纸质版的资料压缩转化为数据，进而更便捷地存储和使用图书资源。数字版资源具有体积小、存贮量大、传播面广、传递速度快等特点，可多次复制，还可满足多个读者同时阅读的需要。能减少复本数，从而节省图书馆经费，并且电子文献检索途径众多，速度极快，可提高查全率和查准率，充分发挥计算机检索的优势。

（三）虚拟网络信息资源

虚拟网络信息资源是通过互联网查询并利用的一种文献资源。它主要包括网上出版物，如电子报刊、电子工具书、动态信息书目数据库、软件资源等。虚拟网络信息资源的特点主要是资源信息面广，查询搜集信息速度快，不受时空限制，查询信息的时效性强。但弊端是网络上的信息纷繁复杂，真实性和准确性不能被保证，这点是需要使用者自己去增强对信息的辨别能力的。

四、图书馆藏书建设的基本要求

图书馆作为社会文化教育机构和文献信息中心，其立身之本是馆藏。馆藏是一个图书馆开展各项服务工作的基础和前提，没有一个高质量的馆藏，优质服务只能是无源之水，也将难以为继。但是馆藏建设是个长期的积累过程，不可能一蹴而就，这就要求我们应有一个明确的发展思路，并以此来规划藏书建设，确定藏书发展目标，一步一步地朝着既定的方向前进。图书馆必须明确自己的方针和任务，明确自己的服务对象，建设具有地方特色的藏书体系，以最大限度地满足本地区读者的信息需求和为本地区科研、生产服务。坚持实用性原则，积极开展图书馆之间的协作和资源共享，不断建设、开发与本地社会政治、经济和文化紧密相关的文献资源，才能更好地服务于当地社会，充分发挥自己的功能和作用，促进图书馆事业的发展。

第一，学校类型的图书馆要科学规划不同类型的馆藏书籍的占比。

图书馆馆藏建设首先要对读者需求有充分的了解。因为只有了解读者的阅读需求，才有可能提高图书馆馆藏建设的科学性与图书馆服务的针对性和有效性。比如，选取学校图书馆为科学调查的样本，通过问卷调查了解到读者借阅最多的是文学类图书，其次是综合类图书，再次是工业技术类图书。此外，历史、地理、类图书也是读者平时借阅较多的图书。这样可以看出读者阅读的范围越来越趋向于多元化，随着高科技产业的快速发展，社会对以 IT 人才为代表的科技人才的需求量有所提高，社会需求的变化反映在读者的阅读范围上，便是越来越多的人开始对以计算机类图书为代表的工业技术类图书感兴趣。通过调查，可以得到一个这样的结果：文学类图书的需求量最大；以计算机类图书为代表的工业技术类图书的需求量较大；以文化科学，教育，体育类图书存在着供不应求的情况；综合类图书的品种和数量也有待进一步增长。这样通过采用科学的调查方式，便可以更加科学地认识到图书馆需要采购的图书的类型和比例，以及是否可以减少一些阅读需求量低的书籍，保留一些质量比较高的书籍，做一下馆藏图书的删选调整。

第二，公共图书馆的馆藏应突出知识性和艺术性，兼顾趣味性和实用性。

公共图书馆应本着"以人为本"的原则，具体来说，就是以读者为本。读者在公共图书馆阅读主要是为了"提高个人知识和涵养"，其次是为了"休闲或消遣"，再次是为了"工作需要"。为了满足公共图书馆读者"提高个人知识和涵养"的主要阅读需求，馆藏应突出知识性和艺术性，充分发挥公共图书馆传递知识信息和社会教育的功能。为了满足公共图书馆读者"休闲或消遣"的需要，馆藏应突出艺术性并兼顾趣味性，充分发挥公共图书馆的休闲功能。为了满足读者的"工作需要"，馆藏应兼顾实用性，充分发挥其传递科学信息的功能。所以，图书馆在馆藏资源建设上，应该从大众视角出发，选择适合大众的图书资源，对馆藏书籍提前做好分类。

第三，从馆藏策略来看，藏书建设要反映知识更新和社会需求的变化。

社会在不断发展，人们的精神文化生活的需要也在不断发生变化。作为大众文化传播的载体，图书馆的馆藏一定要反映知识更新和社会需要的变化。近几年来，因为高科技产业的较大发展，相应地社会对高科技人才的需求也大大增加。为了适应社会对高科技人才的需要，人们不得不阅读大量与高科技有关的图书，如计算机类的图书、机械设计与制造类的图书。与此同时，随着中国对外开放程度的不断提高，掌握外语对于人们能否在社会竞争中处于优势地位具有重要的作用。因此，以外语教育、外语应试为代表的教育类图书在读者中的需求量也呈现出上升的趋势。对图书馆的藏书建设来说，也要随着社会发展和读者需求的阅读倾向做相应的馆藏结构调整。

第四，从馆藏管理来看，要及时了解图书出版信息，加快馆藏书目的更新速度。

馆藏更新太慢是当前图书馆普遍存在的主要问题，它使得图书馆无法及时满足读者获取最新知识的需求，因而也无法为读者提供高质量的服务。图书馆要及时了解图书出版信息，加快馆藏书目的更新速度。不能因为面对的读者群体范围广，图书借阅与否没有强制性要求，或者因为读者阅读需求不容易统计就忽略了对馆藏资源更新速度的重视。对此，应该做好图书馆馆藏资源更新的整体规划和采购规划，定期采购，定期撤出一些内容过时的书籍。同时注意与相关出版社建立并保持联系，及时了解最新图书出版信息，确定采购的书籍品种及数量。对更新完成的书籍做好新书阅读推荐宣传工作，可以以公告的形式告知读者群体。

第五，图书馆藏书建设要追求资源建设和使用之间的均衡。

从市场的角度来看，读者消费馆藏资源，图书馆提供馆藏资源，两者通过彼此的供与应达到有效均衡。图书馆和出版商（或书商）构成图书馆的外部市场，出版商提供资源，图书馆对资源的消费是先行需求，二者的均衡由图书馆资源配置经费和资源的价格决定的。图书馆资源配置经费由财政拨款，年经费由总量控制，如何在有限的经费范围内合理地配置馆藏资源，实现读者效用的最大化和图书馆馆藏资源的有效供给是图书馆采购工作的重要内容，这就要求图书馆本身做好经费的合理规划和使用。读者消费图书馆藏资源时，图书馆要主动引导读者消费，也就是运用阅读推广的相关方法，去实现吸引读者阅读兴趣和阅读欲望的目标，促进读者对馆藏资源的消费，达到图书馆馆藏资源建设和使用之间的均衡。

五、不同类型图书馆的藏书建设

（一）少儿图书馆藏书建设

孩子是祖国的花朵，也是祖国未来的希望。加强少儿图书馆的藏书建设是至关重要的。在信息时代下，一个组织完善又适应需求的少儿图书馆藏书体系不是一朝一夕就能完成的，需要对图书情报资源进行持久的关注和积累。根据少儿馆的性质和任务，以提高少儿素质，丰富其课外生活，开阔其视野，增长其才干为目的，使少儿的课堂学习不断得到补充和延伸。因此，需要建立一个合理、有序、科学、动态，有少儿特色的藏书体系。

1. 少儿图书馆藏书建设的主要依据

坚持素质教育为目标是少儿图书馆藏书建设的主要依据。少儿图书的服务方向不是帮助少儿学好课堂功课，而是致力于少儿全面素质的培养，发展他们的个性，挖掘他们的潜力，启迪他们的思想，激发他们的想象力和创造力。

《中国教育改革和发展纲要》着重提出："中小学生要由应试教育转向全面提高国民素质的轨道，面向全体学生，全面提高学生的思想道德、文化科学、劳动技能和身体心理素质，促进学生生动活泼地发展"。这个纲要是我国教育以新的面貌跨入 21 世纪的重大举措。少儿图书馆作为社会教育的基地，中小学生的第二课堂和校外活动的重要场所，在为实施素质教育创造良好条件、环境和氛围方面有着不可推卸的责任。而图书馆为学校教育服务的业务工作是从图书馆的藏书建设开始的。其藏书数量的多少，范围的宽窄，质量的优劣是图书馆开展各项工作的物质基础，是履行其各项职能的前提条件。尤其是在科技突飞猛进，出版事业蓬勃发展的今天，没有高质量的藏书体系就不可能有读者满意的高水平图书馆。在不断地完善少儿馆藏书体系建设的同时，必须认真贯彻我国的教育方针和培养目标，只有这样，才能更好地适应服务对象的多种需求。这一特定的服务方向和培养决定了少儿馆藏书体系的主要范围，它应该是多学科、多层次的结构范畴。少儿图书馆在藏书内容上也应尽量体现出知识的综合性、丰富性、趣味性和新颖性，这样才能逐步形成具有少儿特色的藏书体系。

2. 影响少儿图书馆藏书结构建设的制约因素

在设计一个科学的合理的藏书结构时，必须综合考虑到以下几个制约因素：

（1）本地区的经济、科技、文化发展的情况

一个地区的经济发展水平不仅制约着本地区的文化设施建设，也影响当地的文化发展方向和目标。只有充分了解本地区的经济、科技、文化发展的情况，才能在藏书建设时做到心中有数，更好地确定藏书的重点、范畴和深浅层次，确保藏书的针对性和实用性。

（2）读者类型和需求类型

不同读者对象有着不同的需求类型，也决定所藏之书的级别和层次要求。

少儿图书馆的主体读者是广大少年儿童。他们有着丰富的课外生活，是以拓宽视野、增长知识、延伸课堂教育为目的而利用图书馆的，这就决定了少儿读者对图书类型、范围和层次的不同需求。

（3）原有藏书与特点

少儿图书馆设计藏书结构时，应对原有藏书进行全面调查和统计分析，掌握原有藏书的实际情况，在原有藏书规模的基础上再设计未来藏书的范围与深度。否则，就会失去其现实的可能性。

（4）藏书的利用率

衡量一个馆藏建设水平的重要标准是看其藏书利用率的高低。如果某一学科专业的藏书利用率很低，不能发挥其相应的作用，那么就应该做必要的调整。

（5）经费设备条件

这是馆藏发展的物质条件，设计藏书结构要以现有的经费设备为依据，确定各类书刊入藏数量及复本比例。

3. 少儿图书馆藏书的基本学科结构和藏书重点

（1）全面广泛地入藏各个学科的普及性读物

少儿图书馆入藏的这些普及性读物涉及的知识门类应尽可能广泛，即在社会科学和自然科学上做到无所不包，特别要重点收藏科普读物。如今科普读物越来越受到中、小学生的青睐，随着年龄的增长，知识积累能力的提高，中、小学生对周围的世界不再满足"是怎样的"而要进一步探讨"为什么这样"或者"将来会怎样"。他们通过课外阅读，拓宽知识，进而发展智力，对科学有着浓厚的兴趣。现代的中小学生的阅读能力已远远超出我们的想象，因此，在书刊的入藏上可以"成人化"一些，尽量满足他们的求知需要。

（2）加强政治思想教育类书刊的入藏

应着重入藏爱国主义教育、革命传统教育方面的书刊。自颁布《爱国主义教育实施纲要》以来，爱国主义的教育越来越受到重视。祖国如今的美好生活离不开每一位曾为祖国发展贡献力量的人，这些爱国主义事迹和精神也是激励一代又一代中国人努力向前拼搏的动力。因此可以通过培养少儿对爱国主义图书的阅读兴趣，来激发他们热爱祖国的情感。

（3）有针对性、有选择性地入藏教学参考类的书籍

本着减轻学生课外负担的原则，应该适当降低学习参考书的比例，各种教学辅导读物，如"考试指南""模拟试题"之类的书籍时效性太强，不建议入藏。应该做到有针对性、有选择性的入藏，入藏一些经典的优秀参考书籍，以防出现图书泛滥，使用效用降低的问题。

（4）全面广泛地入藏儿童文学艺术书刊

借阅这类书籍的人数与次数一直是占比例很重，利用率也最高，但必须要精心挑选，避免内容有害和粗制滥造的作品入藏。从读者阅读倾向来看，应该重点收藏以下几种图书：中外文学名著、名人传记、爱国主义故事、童话、神话故事、卡通故事等。这些书籍都是当前读者借阅中的"热点"，特别是文学名著和卡通读物。由于这类型的书内容新颖、离奇、画面多姿多彩很符合少儿读者的阅读心理和欣赏趣味。

（5）为低幼活动室配置样本图书

在给低幼活动室配置各种各样的智力玩具的同时，也必须为其配置一批可视性强，内容生动有趣，简单易懂、图文并茂的低幼读物。此类图书只需留样本，其他的作为消耗性图书。因为这类图书出版更新快、易破损，保存价值不高，要经常更换新品种。

（6）有针对性地收藏一些培养少儿现代化技能的图书

例如可以入藏一些少儿微机知识、信息技术、手工制作等方面的书籍，并做好推荐导读工作，以便读者更好地利用这类藏书。

4. 少儿图书馆藏书建设应注意的内容

（1）少儿图书馆藏书类型应该多样化

科学技术的迅速发展使记录信息知识的载体由传统的纸质印刷资料向视听型、缩微型、计算机阅读型等非书资料转化，其发展规模已显示出与书刊资料并驾齐驱的趋势，逐步形成了一个非书资料系统。因此，少儿图书馆除了收藏印制型资料外，还应该购买一批非印刷资料。尤其要注意收藏直观性强、形象生动、内容健康活泼有教育意义的，符合少儿读者需要的视听资料。但考虑到视听资料更新快，有些声像资料本身的保存期有限的问题，可以采用"少而精"的收藏方式。

（2）扩大藏书服务对象范围

随着人们思想的不断转化，有关专家认为，21世纪少儿图书馆的定义应该是："通过先进的科学手段，收集、加工、组织、存储与传播和儿童有关的儿童成长、教育、生活等各方面的文献信息，为广大儿童乃至全社会提供系统化文献信息服务的社会文化教育机构"。传统的少儿图书馆的读者范围比较窄，群体数量有一定的限度，最重要的一点是全部是少年儿童。根据21世纪少儿图书馆的概念来看，少儿图书馆的读者成分不仅仅是少年儿童还包括家长、教师、儿童教育家、教学科研人员等。在素质教育中，家庭教育是素质教育的重要环节，教师是素质教育的主导。要培养在数字化浪潮中具有高素质的人才，有赖于教师素质的提高，为了解决知识爆炸和知识老化的问题，家长和教师必须不断地充实自己，更新知识。因此，少儿图书馆应该注意收藏一些有关素质教育和教学改革的新动态、新知识、新理论、新方法等方面的资料，供家长更有效地进行家庭教育；供教师参考研究，使其不断提高治学水平，跟上时代步伐。

（3）抽量采访工作的针对性，不断完善与丰富馆藏

近年来书刊价格不断上涨，不少儿图书馆采取减少复本量与书刊的品种来节约经费，但这并不能提高经费的真正使用率，正确的途径是靠提高书刊采购水平。做到采购质量和数量合适，采购实用性强的书籍。要实现这一目的必须根据读者的实际需求和书刊内容的选择来实现，这就要求做好与采购相关的调查研究工作，增加采购工作的针对性和计划性。因此，必须走到读者中去，广泛听取意见，及时分析读者的特点，了解读者约阅读倾向，掌握第一手资料，确定阶段性的采购原则和对策，只有这样才能把有限的经费用到刀刃上，实现事半功倍的效果。

（4）加速馆藏新陈代谢，以保证藏书质量

藏书建设中，除了配备新书刊要及时外，书刊剔旧工作也是一个不可忽视的问题，它是衡量藏书体系是否完善的一个重要组成部分。因此，必须严格对待书刊的剔除工作。为了保持馆藏的活力，建立合理的藏书体系，必须对使用性差，长期压架，内容不宜公开流通，陈旧过时或残缺破损的各类滞架图书进行剔除，以提高藏书质量。

总之，少儿图书馆的藏书建设是一个重要的系统工程，要不断地完善少儿

图书馆的藏书体系，就必须更新传统的藏书观念，变以"藏"为主为以"用"为主，不求馆藏面面俱到，只求"藏以致用"。这样才能建立起一个完善的藏书体系，迎接 21 世纪的挑战。

（二）中学图书馆的藏书建设

1. 注意藏书范围

教育部 2003 年《中小学图书馆（室）规程（修订》明确指出："图书馆应根据学校教育、教学和教研工作的需要广泛采集国内外相关图书资料，有条件的学校图书馆要积极配备各类电子读物，将有保存价值的馆藏馆图书制作成电子文档。"

因此，中学图书馆可以采取多种形式，进行图书收集和保存，以供学生和教师使用，主要有以下内容：

（1）印刷型。包括适合学生阅读的各类图书和报刊、供师生使用的工具书、教学参考书、教育教学研究等理论书籍和应用型的专业书籍。

（2）非印刷型。指将有保存价值的馆藏图书制作成电子文档，收集保存。包括缩微、机读、声像、光盘和各类电子图书等文献。

（3）其他型。指未发表的，甚至未被人们认识的信息文献。

中学图书馆藏书要兼顾初中师生和高中师生的阅读要求。主要有以下要求：

（1）初中生仍处于启蒙时期，初中学生的课外阅读，从初一的图文并茂为主过渡到初三的以文字为主。初中教师用书主要是一些与教材配套的初中基础教育、教辅图书和初中教师专业水平提高的图书文献信息资料。

（2）高中部分的藏书建设要适应高中学生的学习特点和高中教师的教学需要。要以采集原著为主，重点高中可把大学教材列入本馆的藏书范围。藏书不但要结合新课程标准的要求，而且要适应本学校教学的实际需要。

2. 关注藏书结构

《图书馆学情报学词典》中对"藏书结构"是这样解释的："图书馆藏书体系中各个组成部分的组织形式，反映着不同文献类型、不同学科、不同收藏水平、不同语言文字、不同载体形式的藏书在藏书体系中互相依赖、相互制约、相互结合的方式及其在藏书体系中各自占的比例。"

《中小学图书馆（室）规程（修订）》上要求："图书馆藏书应做到结构合理，

藏书量不得低于规定标准。"

《中小学图书馆（室）藏书分类比例表》中学馆五大类藏书比例为："第一大类，马列主义、毛泽东思想，占2%；第二大类，哲学、宗教，占2%；第三大类，社会科学，占54%；第四大类，自然科学，占38%；第五大类，综合性图书，占4%。"图书馆工作人员对此要了如指掌，对本馆的馆藏结构更要做到心中有数。另外，图书馆工作人员还应该明确学校的中心工作是教育教学，图书馆也必然服务于此。因此，在藏书上也要围绕这一核心，合理安排藏书结构。具体包括：

（1）学科结构

藏书建设要涉及到基础教育规定的所有学科。凡是有关本学校教育教学设置的各学科图书文献，在藏书建设中都要有所体现。

（2）类型结构

文献以不同的出版形式，不同的载体类型出现，中学图书馆应该根据自己的设备条件和师生的要求，采购所需学科的各种版本的出版物，为师生提供多样化的知识服务。

（3）文种结构

中学图书馆应根据本学校的具体需要，采购不同语言文字的文献资料，满足教育教学的实际需要。

（4）时间结构

藏书建设中的半衰期理论说明，每一学科的文献都是由不同时间段的出版物组成的，中学图书馆在藏书建设工作中，也应该体现文献的这一特点，关注出版动态，及时更新在馆图书。

（5）层次结构

文献按内容深度可分为核心层、主体层、外围层。核心层主要是满足师生高水平、学术性、研究型的需求。主体层则是满足师生教育教学的基本需求。外围层是满足介绍性、普及性的需求。中学图书馆应该根据本校师生的实际需求层次，按文献的内容质量层次进行藏书建设。

（三）高校图书馆的藏书建设

高校图书馆的最根本任务是为高校教学和科研服务，馆藏书刊是图书馆完成自身使命，开展各项活动的基础，如果没有一定数量和一定质量的藏书，就无法保证教学和科研工作的顺利进行。

高校图书馆要从数量和质量两方面着手建立起既有数量保障又有较高质量的藏书体系，应从以下方面做起。

第一，从最佳保证率入手，计算最佳藏书量，用质量控制数量。

陈鸿舜曾于1961年提出："图书馆藏书建设，指的是把最低限度的藏书建立起来，使它逐渐达到丰富和系统，而且要把它组织好和处理好。"关于保障率的计算，国外有各种不同的计算方法，例如外国公立大学直接规定文科学生每人应有50册，自然科学学生每人30册。而前苏联是以每人每次可借册数为衡量，考虑其他因素定为8～12册。对此各个图书馆可借鉴学习一些科学的方法和知识，同时考虑学校类型、学科设置、自身场馆面积、经费多少等，结合实际找出适合自身的保障率，从而把控好藏书的数量，追求藏书质量。

第二，控制图书增长率。

随着每年购书的积累，图书馆藏书基数不断增大，如果按照以前的增长率，会使得每年增加的图书越来越多，藏书基数更大，最终形成恶性循环。因此，对于非新建馆应当在确定最佳藏书量之后，降低图书增长率，再剔除相当数量的旧书，使馆藏书保持基本稳定或略有增加。只有这样，既控制了数量又保证了质量，才能使藏书保持在最佳状态。对于一些新建馆可以将增长率定得高一些，但要保持相对稳定。

第三，以读者为中心，优化藏书结构，控制数量，改善质量。

我国共有3000多所高校，各个高校的学科设置、在校生数量、教职员工比例、研究方向等均不相同。高校图书馆应根据高校自身特点，开展调查研究工作，针对不同层面的读者制定不同藏书级别和图书类型的比例，优化藏书结构。例如，对大学低年级的学生，图书馆只要供应少量有关基础知识的一般读物和基本参考资料即可，而对于高年级学生和研究人员则必须提供充分的相关图书和参考资料。值得注意的是，这个工作并不是一劳永逸的，而是要根据学校专业、课程的变动、学生和教职员工的比例以及研究人员研究范围的转移不断进行调整。

第四，加强对图书的审查剔除工作，以质量控制数量。

复审工作是改善藏书质量的重要手段。对已入藏的文献应进行复审或复选，剔除不符合要求的文献，从而建立完善的、科学的、合理的藏书体系。剔除工作不仅是为了解决藏书空间和不断上涨的书价造成的经费紧张问题，更重要的是它优化了藏书结构，提高了藏书质量。但受长久以来盲目追求图书馆藏书数量的影响，复审和剔除工作并没有很好地在高校图书馆中展开。有些人担忧旧书的删除会影响到读者的使用，其实这是没有必要的。如今科技发展迅速，很多平行技术在发展中被替代或淘汰掉，早已不再应用，其书刊自然没有再储藏的必要。

第五，改善图书馆条件，增加阅览比重，减少复本率。

这一点可以以国外图书馆为参照，欧美等发达国家的高校图书馆建设相对完善，特别是阅览条件很好，多半以内阅为主要服务方式，利用率较高，复本量不大。在我国一流高校的建设过程中，应当考虑增加图书馆阅览面积，创造良好的阅览条件，调整图书组织，逐步从"以借为主"过渡到"以阅为主"，这样可以大大提高图书的利用率，减少新增图书的复本率，不仅节省经费而且还减轻了藏书压力。

第六，开展馆际互借。

开展馆际互借是从我国目前国情出发，对提高图书馆藏书建设具有重要意义的举措。馆际互借是指图书馆为了共享信息资源，在馆与馆之间达成馆际互借协议。当本馆的馆藏文献不能满足读者需要时，向对方馆去借本馆未收藏的文献资料，这样不仅可以提高文献利用率，减少不必要的馆藏，又能补充各馆文献资料的不足，从而更好地为读者服务。在德国，每年有 280 万人次使用馆际互借，成功率高达 87%。现在越来越多的高校图书馆开展了馆际互借服务。理想化的馆际互借完全可以通过互联网络独立完成，但前提是图书馆的数字化。各个图书馆可以根据自身情况将馆际互借业务交给某一部门来主管或者设立专门的部门负责馆际互借。有了馆际互借，各高校图书馆可以在图书采购等更多方面开展合作。比如重要的核心图书期刊可以重复采购，其他非核心文献可以协调采购，加强合作，突出各馆特色，形成文献信息资源的整体保障体系。这样不仅提高了文献覆盖面，而且相对节省了人力、物力。

（四）公共图书馆的藏书建设

公共图书馆具有传播文献信息，开展广泛的社会教育，推动社会文明与进步的职能。而公共图书馆的发达程度，更是社会文明与进步的重要标志，在推动我国物质文明建设和精神文明建设方面具有不可低估的作用。公共图书馆的藏书是其开展工作的物质基础，藏书质量的高低和数量的多少直接关系到公共图书馆职能的发挥。搞好公共图书馆的藏书建设，提高藏书质量，建立具有科学性、思想性、实用性的藏书体系，又直接关系到图书馆各部门工作的有效开展。因此，研究和做好公共图书馆的藏书建设工作，具有十分重要的意义。

1. 公共图书馆藏书建设的指导原则

（1）丰富性原则

公共图书馆的根本任务就是满足人民群众的阅读需要，保障藏书的丰富性是公共图书馆藏书建设工作的首要原则。为科研生产服务、为经济建设服务、为广大人民群众提供全面的信息服务是整个图书情报系统的任务。针对公共图书馆服务对象广泛而复杂的特点，公共图书馆更应建立一个适合图书馆发展需要，满足本地区发展，以及满足用户对文献信息全方位需求的藏书体系，这一切都必须建立在丰富藏书量的基础之上。作为地区图书馆体系中的主要骨干单位，公共图书馆必须要坚持丰富性原则，尽可能广泛地收藏各领域和各层次的图书，为其藏书建设奠定丰厚的物质基础。

（2）专业性原则

公共图书馆所服务的对象大致可以分为专业读者与非专业读者，专业读者有明确的阅读目标，对某领域的书籍需求迫切；非专业读者无明确的阅读目标，随机性较强。但面对文献购置费短缺、书价逐年上涨的矛盾，公共图书馆图书采购工作不可能面面俱到，必须做到突出重点，加强基础，兼顾其他，把有限的经费花在刀刃上，使之产生较好的社会效益和较大的经济效益。在藏书建设上，公共图书馆应坚持正确的入藏方向，建立具有特色的藏书体系。尤其是公共图书馆在进行藏书建设时，必须要运用科学的藏书建设理论，采用科学的研究手段对读者或潜在读者进行调研，对下一年度的读书需求进行科学预测，以便制定出合理的采购计划。在丰富藏书量的同时，要有侧重地对藏书进行补充，对于读者亟需以及对国家发展有重要意义的重点书籍，要优先采购，以期最大限度地满足本区域内科研、生产和人民生活的需要。在图书采购入藏上，要保障专业核心读者，也要兼顾外围读者。

（3）系统性原则

公共图书馆的藏书建设应当考虑到图书馆的持续性发展、读者需求和地区特点等因素，进行统一规划。通过搜集、整理和保管书刊资料逐步实现这一目标，增添的每一种书刊都是为了建设藏书体系的需要。藏书体系应保持相对稳定，但也需要随着任务和环境的改变而有所变化。藏书体系要满足人民群众在建设社会主义物质文明和精神文明中对信息情报的阅读需要，方便读者对信息情报的使用，建立起适应时代需要的系统化藏书体系。

（4）与时俱进原则

随着时代的发展，信息产业突飞猛进，加之网络信息在社会生产发展中的应用，这些都对国内图书出版者、收藏者、使用者产生重大影响。因此图书馆必须调整图书入藏方向，迎合大趋势需要。充分考虑新形势，做好短期策略与长远规划相结合，使藏书既能反映时代特征又能适应未来发展需要，建立起具有本馆特色的藏书体系，使之适用本地区政治、经济、文化发展的需要。为此，在继续完善图书馆基础学科的藏书建设上，要注意对新学科、新资料的搜集和对尖端科学、边缘科学的关注。公共图书馆要坚持与时俱进的原则，让图书馆在时代发展中发挥其重要价值。

2. 公共图书馆藏书建设的具体策略

（1）整理图书资源，做好书刊剔除工作，提高图书利用率。

藏书建设是一个较为广泛的概念，要做到"物尽其用"，充分利用公共图书馆已有的图书资源，对图书进行定期的检查、核对、清理、清点甚至在必要的时候还要调整和整顿。因为，提高图书使用率和流通率也是做好藏书建设工作的重要步骤。

应建立合乎要求的目录，做到书、帐相符。剔除不需要的书刊，保证藏书结构的合理性。建立健全的藏书管理制度，包括总括登记、个别登记和统计制度，并认真付诸实施。各馆藏书整顿工作应和全面管理工作结合进行，作出整体规划，整顿工作中要安排得力干部负责。另外在具体书刊剔除工作中，应采取积极的态度和稳妥的方法，严格按照相关规定，将陈旧过时的书、多余的复本、不宜入藏的书、不做留存的报刊、破损报废的图书等进行分批处理。剔除工作要严格遵循审批流程，除了破损图书可由馆长批准外，大批书刊和重要书刊最好经上级文化主管部门批准。对撤销品种类的书和较重要的成套刊物，应编目录报上级文化主管部门。剔除的书刊也可以采用再利用的循环处理方式，比如，对过时、破损的书刊可做化浆处理；对于尚有流通价值的书刊，尽可能使其发挥作用，可用赠送、调拨、交换、折价出售等方法处理。而在剔除书刊过程中产生的经济效益，必须作为图书馆的购书经费使用，不得任意挪用。

（2）加强基础藏书，保证重点藏书。

公共图书馆的藏书建设要突出重点，明确自己的方针和任务，以建设有地方特色的藏书体系为己任，以满足本地区读者需要为第一原则。要求公共图书馆在开展藏书建设工作中，首先加强基础藏书建设，以满足本地区读者广泛的信息需要为基本准则。然后进行有的放矢的专项图书资源建设，重点藏书以满足本地区科研、生产需要为准则，对反映本地区人文、地理、社会发展的文献要收集齐全。

（3）促进馆际合作，树立"大文献"全局观。

现代出版物数量的急剧增长，使任何一个图书馆都不可能全面收集文献和全面满足读者的需求，图书馆之间的合作藏书，资源共享已成为图书馆，发展的必然趋势。公共图书馆在考虑藏书建设时，应更多地跳出图书馆个体的狭小圈子，树立一种新的大文献观。"大文献"全局观是指以某一地区为单位，对该地区内图书馆发展进行整体规划，实现藏书的合理分工与布局。图书馆现代化不仅是技术设备的现代化，也是组织管理的现代化，它的特征之一就是馆际合作，资源共享。建立起突出地方特点的藏书体系，不经常用的书刊进行少数馆入藏。这样合理地利用图书资源，是发展图书馆事业满足群众阅读需要的多快好省的办法。

第二节　馆藏资源的采购

图书采购工作是图书馆的基础工作，也是图书馆工作的第一个环节。在相当长的一段时间内《标准新书目》等是图书馆购书的主要依据，通过书目预订，几乎是图书采购的唯一途径，也是获取图书出版信息的唯一来源。随着社会的不断发展，网络时代的来临，图书出版行业体制的变革，使多年来形成的图书采购原则及采购方式都面临着严峻的挑战。在新形势下，如果采购工作上仍墨守成规的话，必然会影响图书馆的发展，影响图书馆职能的正常发挥。

一、图书馆采购工作面临的问题

（一）采购资金不足

在社会快速发展的今天，很多地方政府只注重经济发展，忽视地方文化建设，对图书馆投入得不够，尤其是经济欠发达地区，资金短缺是制约图书馆发展的瓶颈之一。而近几年，图书、报刊价格逐年上涨，即使每年订购报刊的经费不变，各图书馆每年也必须减少一些订阅。与此同时，一些行政主管部门指令性的行政摊派，迫使图书馆增订一些读者没有需求的报刊，从而影响了正常采购，无法满足读者的需要。

（二）采购质量不高

面对种类繁多的书籍，对图书采购质量的把控尤为重要。一方面，现代出版书籍的数量呈明显上升趋势，对采购带来一定的选择难度。另一方面，对客户阅读需求的了解程度也影响着图书采购的质量，有的书没有做好前期用户阅读的调研，很可能导致后期采购回来，书籍的使用效用低，导致资源的浪费。

（三）采购时间的滞后性

图书采购就是图书更新，图书馆长时间不进行图书资源的更新，会影响图书馆整个服务工作的效果，不能更好地满足人们的工作和生活的知识信息需求，图书馆也就无法发挥好它的知识服务的职能。因此，定期定时采购馆藏资源是非常重要的，图书馆只有保持良好的馆藏资源更新速度，才能更好发挥为人们服务的功能，只有获得读者阅读的青睐，图书馆才能获得长久发展。

（四）采购人员能力和采购方式的局限性

图书馆的图书采购工作主要是由专门的图书采购部门或者采购员负责的，因此，一个采购部门或者采购员个人的采购能力是很重要的，直接影响采购的质量和采购效率。所以，完善采购部门工作和加强对采购员的培训，都是图书采购很重要的工作要求。另外，采购方式也需要随着时代发展，扩展其采购的途径和方法，寻找采购新途径，大胆尝试多样化的采购方式，一切为了更好地保证图书采购工作。

二、图书馆采购工作需要坚持的原则

（一）坚持正确性和标准性原则

首先，图书采购的书籍应该是符合社会正确价值观要求的书籍，在采购书籍的内容上要坚持正确的思想和价值观。其次，在图书采购的日常工作中，政治思想内容方面，要符合四项基本原则和党的路线、方针、政策，要把社会主义核心价值体系建设贯穿于图书馆各项工作之中。在文化科技知识方面，要科学、准确地采购具有传播、应用价值、知识层次和文字组织符合特定读者对象的阅读层次的书籍。采购的书籍要整体设计新颖、美观，印刷清晰、封面优美、装帧精良。在图书采购方面，可以多采购一些涉及国家的重大方针政策以及科技、文化等方面的书籍。在报刊采购方面，多采购一些党中央、国务院、全国人大、政协的国家级、省部级以及各省的重点报刊和学术核心期刊，以保证主要党报、党刊的订购。在同类报刊中，选择级别较高、理论水平较高的报刊。坚持图书采购的正确性是坚持思想方向上的不偏移，坚持图书采购的标准性是实现好的采购结果的要求。

（二）坚持地方性特色性原则

图书馆的种类不同，采购工作的内容也不同，对于地方性的公共图书馆来说，要注重本省、本地区图书和报刊的订购，以及采购一些具有地方特色又受地方人们青睐的读物，这是形成馆藏特色的重要前提，也是吸引本地读者阅读的手段之一。对于学校类型的图书馆，学校图书馆的采购要紧跟学生的成长和学习的阶段去采购书籍，做好采购前的问卷调查工作是很重要的。对于专门的图书馆，要注意关注同行业、同专业的研究发展新成果，注意更新的速度和采购书籍的质量。

（三）连续性原则

图书馆采购工作的连续性原则指的是对优秀出版物的持续关注，就是要保证对绝大多数优秀出版物（尤其是文化和旅游部、新闻出版广电总局近几年评出的优秀出版物）采购工作的持续性和系统性。在采购过程中，还要经常与投递、邮局、报社、杂志社等多方联系，千方百计把缺期现象减少到最低限度，以增加馆藏图书、报刊的使用和收藏价值。

（四）全面性原则

图书采购工作一是要保持行政区域上的全面和完整，就是要尽可能地采购全国各省、自治区、直辖市的权威出版物。二是要保持各学科知识的全面和完整，既要采购高新技术方面的科普读物，也要采购群众在日常生活当中所需要的基本读物，以满足不同层次、不同类别人员的阅读需要。三是在采购类别上，不仅重视纸质类型书籍的采购，也要注重数字信息资源的采购更新，比如图书馆新更新的视听资源，新签订的信息资源浏览网站等。坚持全面性原则是保证图书馆采购书籍在内容上更丰富全面化的要求。

三、图书馆纸质图书采购的方式

（一）电子书目订购

图书馆通过招投标方式确定几家资质良好的图书供应商，图书采访人员根据各个供应商提供的图书征订目录在管理系统中进行大批量在线勾选，然后将勾选到的书目订单发送给相应的供应商进行配货，最后图书馆对到书进行验收、加工、入藏等工作。目前这种方式承担了图书馆绝大部分的纸质图书采购任务。

（二）现场采购

图书现场采购是相对于书目订单预订而言的，是指不通过订单预订，直接在现场采购图书。现场采购的形式主要包括参加书展、书市、图书博览会和交易会等，采访人员直接走进图书展会，直观接触大量现货图书，通过采集器有针对性地选择符合本馆馆藏资源建设要求的图书，再由活动主办供应商将采购数据进行汇总和配货。现场采购图书，由于参展的出版社种类众多并且相对集中，现场可见的图书种类繁多，学科范围广，直观性强，可以直接看到图书的外观和内容，利于参访人员进行选择，尤其在同类书内容相似的情况下，现货对比，更容易把握优劣，选到更优质的图书。

（三）网络书店采购

网上采购是指图书资料采访人员利用联网计算机下载、查阅、检索网上的书目文献信息，并根据自己的需要在网上完成收集、整理、订购、支付的过程。

网上采购的一种方式是像在网上购买其他产品一样，在网上书店的网站上直接选购，选定图书后，点击诸如"放入购物篮"类按钮进行选购，这种方式是针对广大图书购买者来开展的，当图书馆需要选购少量或特定的图书时也可以使用。我们图书馆正是利用这种方式作为定期去书店选书的一个补充。每季度去购买一次书，难免会将一些连续出版物、多卷书遗漏，而网上购书可以随时随地进行。网络书店平台上有丰富的图书资源，方便、快捷、准确的检索功能可以精确查找到图书货源信息，越来越快的物流速度可以将书籍一周内送达，有的甚至更快。所以，通过网络书店采购能大大缩短图书从采访到流通的周期，为读者快速提供特定需求的图书，这应成为图书馆服务水平努力追求的高度，充分体现服务的实用性原则。

四、图书馆电子图书采购的方式

（一）电子图书采选标准

1. 与书商签订电子图书免责条款

书商应该承担电子图书在使用过程中由版权问题引起的连带责任，电子图书阅读器和平台应享受终身免费升级使用，由于软硬件问题导致电子图书数据丢失时，商家应免费及时恢复。

2. 提高采购频率，加快更新速度

目前，大多数图书馆多采用一年一次或两次的采购方式，致使电子图书与读者见面的时间滞后更长。应该增加年采购次数，加快馆藏电子图书资源建设的步伐。

3. 保持电子图书购买的完整性和连续性

对于成套出版的电子图书，在购买时应尽量购买整套的图书。对于连续性出版的图书，应采取不间断的采购，以免造成文献资料的缺省，影响电子图书的利用率。

4. 电子图书采购人员必须具备一定的学科背景

要采到高质量的电子图书，采购人员必须具有其他专业知识背景，熟悉图书馆及网上的各种资源，能揭示和解释图书馆相关的服务系统和各类信息资源，并根据学科建设需求和用户的特定需求采选电子图书。

5. 电子图书的易用性和便利性

用户访问电子图书时，电子图书界面应直观，并具有高亮显示重点的功能，方便读者全文搜索，提高阅读效率。电子图书应具有全文检索的功能，还应嵌入书目列表、索引和辞典，提供打印、复制和粘贴的权限。

（二）电子图书的采购过程

1. 电子图书采购前期调研

图书馆在采购电子图书时，需要摸索新的采购模式，选择适合本馆需求的书商。要了解国内电子图书市场发展现状和供应商主流产品特点，掌握各个电子图书系统的概况、阅读器、检索界面、资源建设、价格及服务等，研究国内电子图书重要指标，选择那些信誉好、拥有图书种类多、功能齐全、市场占有率大、版权问题解决比较好的成熟产品，同时能为图书馆提供简化采购流程的书商。当然，仅仅一个订购来源不能满足用户多样化的需求，关键是图书馆自身要时刻关注这些书商，了解其提供的产品范围及销售模式，这样才能更好地确定采购来源。

采购人员在采购电子图书时，首先要选择本馆规定的核心图书，满足本馆所支撑的重点学科建设的需求。其次，对本馆电子图书的利用情况作调查分析，对使用频率较高的图书进行统计，并让相关部门提供电子图书需求清单，搭起采购的基本框架，为最终确定采购清单打好基础。最后，要分析用户需求，比如考虑所服务的对象是否有远程教育项目，该项目是否需要电子图书这种资源来支撑，服务的对象是否希望将电子图书作为其教学的一部分，并链接到课件中去，特别要考虑采购那些使用频率较高的电子图书，如教参书及必备的阅读资料。

2. 按需采购：电子图书的读者荐购模式

读者荐购模式是根据读者阅读需求开展藏书建设的重要渠道。书商在给图书馆提供电子图书目录之后，为保证电子图书的使用率，图书馆应将电子图书清单按学科分类、题名、著者、出版社、出版年等信息以读者可以选择的平台挂在图书馆的主页上，通过链接到数据商的电子图书库中，查看内容提要，读者就可以圈选自己感兴趣的图书。经过一到两个月后，采购人员根据圈选的情况整理书单进行采购。

3. 电子图书与联机公共目录检索系统（Online Public Access Catalog；OPAC）之间的整合

目前，购买的电子图书因数据商的不同，需要通过不同的检索平台浏览和检索，读者只能在不同的入口搜索所需图书，有几个电子图书数据库就必须查几次，这是因为图书馆没有在书目信息中增加电子图书的信息。应利用新技术、新方法将电子图书在 OPAC 中进行整合，用户在 OPAC 系统中检索和浏览所需图书，有助于提高电子图书的利用率。

4. 电子图书后期使用评估

对本馆所购买电子图书的使用情况进行跟踪调查和统计，根据读者使用情况对电子图书采购工作进行评估，进一步规范和完善电子图书的采购工作，使电子图书的使用效率最大化。

五、图书馆馆藏资源采购中需要注意的内容

（一）重视采购人员

采购人员本身要具备深厚的知识底蕴和较高的图书鉴赏能力。美国图书馆学家莫蒂默·陶伯（Mortimer Taube）曾说过，"图书采访是一门结合了观察员、外交家及商人三方面才能的艺术。"他形象地描述了图书采访工作的复杂性，也客观地对图书采访人员提出了严格的要求。采访人员除对现代文献的类型、馆藏图书的来源、数量的控制与质量的评价以及馆藏建设的协调应有清醒的认识和理解外，还应该掌握藏书补充的原则、范围和标准，制订较完整的藏书补充计划，特别是要掌握藏书补充的组织与方法。

另外，采购人员应树立崇高的职业道德，对图书采购负责，对读者的阅读需求负责。图书馆的管理层应当有计划地安排图书采购人员进修学习，扩大他们的知识面和更新知识结构。而图书采购人员也应积极上进，在平时工作中要注意经常翻阅报纸，收看新闻，了解最新出版发行动态。图书采购人员要注意开展横向联系，广泛征求读者意见加强文献调研，增强图书采购工作的针对性。还可以成立图书采购工作意见小组，对有关藏书建设的重大问题进行讨论，比如，年度计划的审议，经费分配的总原则，如何选订价格昂贵的重要丛书、多卷书等，这些讨论会对采购人员书源的选择、购书方式等工作起到重要的指导作用。

（二）重视采购前的工作

第一，了解出版动态。通过订阅《全国新书目》《社科新书目》《科技新书目》以及《中国报刊大全》及时了解最新出版动态。同时还可以通过《中华读书报》《文汇读书周报》《书摘》《读书》等了解图书的具体情况。

第二，了解出版社。每个出版社经过长期的发展都形成了自己的特点，如计算机的图书主要以清华大学出版社、人民邮电出版社为主，外语类的图书以外语数学与研究出版社、外文出版社为主；教育类以教育科学出版社、北京师范大学出版社为主；中文工具书一般以商务印书馆、中华书局和上海辞书出版社为主等。通过对出版社的了解可以大大节约时间，提高效率。

第三，了解图书。图书馆藏书的服务对象是教师和学生，采购人员面对成千上万册的图书，要从中挑出适合本馆的图书，在短时间内确定此书的阅读对象是社会大众，还是教师或者学生，并根据不同的阅读需求确定图书的复本数。这就需要首先看书名，其次看目录，然后再翻阅书中的某一段内容查看一下。

（三）拓宽图书采购经费来源途径

图书馆作为非营利性的公益性服务组织机构，其运营管理经费主要依靠政府的财政投入。所以，图书馆的发展在很大程度上由国家财政投入的程度决定。但由于图书馆的经费来源渠道单一，这就使得图书馆在发展过程中经费依赖现象严重。当前，我国各种类型的图书馆都存在着经费紧张的现象，从而极大影响了图书馆采购和用户服务的质量。如何在现有情况下，既拓宽图书馆运营管理经费的来源渠道，又保持图书馆作为非营利性的服务组织机构的公益性，这就要求在图书馆在运营管理经费筹措方面为图书馆开辟新的途径。

第一，继续加强政府对图书馆工作的重视程度，提高政府对图书馆的投资力度。

图书馆的运营管理经费绝大部分来自政府投资，这一点是毋庸置疑的。单纯依靠图书馆自身的收入维持图书馆的运行并不可行，也会失去图书馆公益性的本质，这就需要不断强化政府对图书馆作用的重视程度，使政府认识到图书馆在现代文化生活中的作用和价值。要做到这一点，需要图书馆人不断发展和创新图书馆各项专业信息服务，使更多的公众认识图书馆、了解图书馆、利用图书馆，让图书馆成为信息社会不可缺少的信息助手，尤其是处于网络发展的时代，更不能使图书馆在社会生活中沦为可有可无的文化机构摆设。

第二，利用图书馆自身优势，扩大运营管理经费来源。

一方面，图书馆作为信息资源汇集的场所，近些年从事图书馆管理的人员素质也有大幅度的提高，拥有硕士、博士学位的专业人才大批涌入图书情报领域，使图书馆利用自身信息的优势开发深层次的信息服务成为可能。当前的科技查新、专题信息跟踪服务等有偿服务工作已经成为图书馆服务的新亮点，这些项目不仅扩大了图书馆的服务领域，也为图书馆开辟了新的运营管理经费来源。

另一方面，图书馆是文化教育的宣传场所，增加图书馆文化服务领域的活动也能带来一定的经济效益。这些活动主要有信息培训服务，如各种数据库的使用等；文化娱乐活动，如美术、摄影展览等；与图书馆有关的经济活动，如图书展销、珍藏版图书推介等。以上这些活动的举行既不与图书馆作为非营利性的公益性服务组织机构的性质相冲突，还能为图书馆创造经济收益，可谓一举两得。

第三，加大图书馆宣传力度，吸收各方捐赠。

由于图书馆是政府投资的非营利性的公益性服务组织机构，所以长期以来多数图书馆都是静候读者和用户上门，然后再向其提供相应的服务。因此，社会各界和普通公众对图书馆的认识模糊，利用率也低。这种宣传力度的欠缺和服务方式的懈怠，造成图书馆物质资助的一个重要来源——捐赠受到严重影响，常常是时有时无。其实，捐赠一直以来就是图书馆获得物质资助的一种方式，主要以捐赠图书、期刊为主，资金性质的捐赠并不是主流形式。目前来看，图书馆的捐赠者大概有三种类型，即个人、公司、基金会。图书馆如果想吸收各方的捐赠，就要有计划和有目的地向这几种类型的捐赠者进行自我宣传，宣传方式可以灵活多样，但态度要真诚，对所吸收捐赠的管理要公开、透明。

第三节　馆藏资源的宣传

一、图书馆馆藏资源宣传工作的现状

（一）对图书馆馆藏资源宣传的重视程度不足

做好图书馆工作重在宣传，需要说明的是，只有做好宣传发动工作，才能吸引读者进入图书馆。但普遍存在的问题是图书馆宣传推广意识淡薄，宣传推广工作浮于表面，形式单一，停留挂条幅、发单页、摆展台等简单模式。利用微博、微信、公益广告、微电影等新媒体平台，全方位、全时段、全覆盖推送信息的能力较差，读者吸引力较低。服务群体和时间相对固定，主要是针对学生和老年读者，服务时间通常都集中在白天和假期，而针对成年人开展服务较少，成年人无法在工作之余走进图书馆。另外，不少图书馆在思想认识上还存在偏差，认为员工考核的是业务水平，因此，宣传工作是说起来重要，做起来次要，忙起来丢掉。

（二）宣传的形式单一

不可否认，不少图书馆也在宣传上做了工作，诸如编印图书馆简介，通过媒体报道图书馆工作，举办图书馆服务宣传周等活动。但是宣传方式较为单一，范围不广，力度不强。常规的宣传方法不具有吸引力，无法吸引读者的关注兴趣，进而也无法达到图书推广的作用。

（三）宣传工作与市场脱轨，缺少营销意识和竞争意识

图书馆是公益性单位，数量有限，知名度相对较高，营销意识淡薄，"不想宣传""不用宣传"的老观念固化。同时大多数图书馆将主要精力放在专业业务上，很少为宣传推广工作设置机构和人员，对宣传推广工作重视程度不够，导致宣传推广工作长期处于从属地位，工作开展滞后，宣传范围小，模式陈旧，力度不够。

（四）宣传工作与文化脱离，缺少目标定位和项目策划

宣传推广工作文化引领不足，系统性不高，缺少明确的定位目标和严谨的

项目策划。一是缺少宣传推广的核心。多数图书馆宣传推广无重点、无中心，只是将馆藏资源、服务方式、馆设情况等信息罗列介绍，没有将体现自身特色的人文因素提升为宣传推广的重点，没有把特色文化作为宣传推广的核心，缺少对本馆特色文化的挖掘与研究，导致影响力、吸引力不足。二是宣传目标不明确。图书馆往往把馆藏资源、服务方式等泛泛地作为宣传内容，没有针对读者兴趣将一个任务、一个活动、一个故事、一本好书明确为宣传目标，读者参与度不高，体验性不强。三是项目策划不完善。图书馆在媒介宣传推广工作中，不重视项目策划，不善于宣传目标精细策划，往往是"蜻蜓点水""就事论事"，没有做到点与面结合，缺少系统、全面性和持续性，难以形成品牌效应。

（五）图书资源匮乏

毋庸讳言，图书馆读者流失与图书馆资源匮乏有着重要的联系。不少图书馆经费不足，购书量逐年下降，造成藏书严重老化，导致读者找不到需要的书籍而流失。公共图书馆的作用得不到充分发挥，不利于图书馆事业的繁荣与发展。

（六）宣传队伍不稳定

好的图书馆宣传工作需要一支思想觉悟高、业务素质强的宣传队伍，事实上，不少图书馆并没有一支稳定的宣传工作队伍。大多是为了宣传需要而临时拼凑的，知识结构陈旧、素质参差不齐，缺少必要的教育培训，开展工作时提不出思路，找不到抓手。另外，对图书宣传工作没有积极性，推一推就动一动，不推就不动。

二、图书馆馆藏资源的宣传原则

（一）"读者第一"的原则

图书馆的存在除了履行保存人类文化遗产的职能外，就是为读者而存在的。我们宣传图书馆也是为了使读者更好地了解图书馆和更好地利用图书馆。因此在宣传图书馆的时候，一定要把读者摆在第一位，推荐的书籍要全面，质量要高，可以考虑不同年龄段和不同行业读者的阅读特点，推荐适合读者的书籍。一切工作为了读者，把读者放在工作的第一位，才能让图书馆的馆藏资源真正发挥其知识价值。

（二）"社会效益第一"的原则

图书馆是文化部门，是为广大读者服务的公益性服务机构，它承载着人类文化教育的成果，它的服务要体现出社会主义精神文明风貌。因此，图书馆的图书宣传工作，要以弘扬社会主义精神文明为主旋律，多推荐一些具有社会新风尚和正能量的书籍，确保内容上的专业性和高质量和思想上的积极正确。

（三）全面利用文献资源的原则

图书馆只有对馆藏文献进行多方位、多角度、多途径的提示和宣传，挖掘图书馆馆藏资源的特点，从馆藏资源的特点出发，围绕读者需求进行全面推荐，这样才能使读者全面地利用书籍，图书馆也才能真正发挥它作为社会知识宝库的作用，使图书馆的资源为社会的发展和进步起到更大的作用。

（四）与时俱进的原则

图书馆馆藏资源的宣传要紧跟时代变化，利用时代的科技契机，去借以做好馆藏资源的宣传工作。比如，不仅有线下图书馆内的图书推荐活动，也要开展线上的图书推送活动，可以创建图书馆网站，供读者随时随地浏览图书馆新入藏的书籍，也可以设立移动设备的图书馆小程序，常用的有微信公众号和微博号等方式。这些都是新时代下图书馆宣传的新途径，也是扩大读者群体和阅读量的重要宣传措施。

三、图书馆馆藏资源宣传的工作思路

首先，在图书馆的宣传工作中可以运用心理学的方法，深入了解读者的阅读心理，把握个体心理差异，使宣传工作有的放矢，因人而异。要善于运用美学的方法进行图书馆的宣传活动，因为人的审美意识来自于社会实践，又会反作用于人的社会实践。在图书馆的宣传工作中，要自觉地运用美学的方法，以增强宣传活动的感染力，从而收到好的宣传效果。可以想象，在窗明几净、赏心悦目的环境中读书，一定会对读者产生强大的吸引力，图书馆的魅力也会在无形中得到提升。

其次，要运用教育学的方法来进行图书馆宣传活动。凡是人们的思想品德的活动都从属于教育现象，从这个意义上讲，图书馆的宣传活动作为影响人的思想和行为的一种社会现象，也可称之为一种教育现象。因此，许多有关教育学的原则，也适用于图书馆的宣传活动。如理论与实际相结合，形象直观和抽象概括相结合等教育学原理在宣传工作的应用，都可增强图书馆宣传工作的有效性、系统性和目的性。

四、如何做到科学开展图书馆宣传工作

第一，思想重视，思想是行动的先导。

做好图书馆宣传工作的前提在于思想的高度重视。为此，图书馆要充分认识到宣传在图书馆工作中的重要地位，要使每一个馆员认识到自己作为图书馆员和管理者，要在思想上清楚地感知到自身工作的重要性，明白自己是在宣传党和国家的方针政策，是在进行知识积累和信息传递，是在为人民群众服务。如此，就会树立起图书馆员的责任感和使命感，就会端正思想，工作不找借口，不推脱，履行好职责，自觉担负起宣传工作的重任。

第二，制定规划，行动落实。

宣传工作不是一时兴起，而是要长远规划。宣传工作要专人专责，做好统筹规划，既要有三到五年的总体宣传规划，又要制定好详细的年度宣传计划，细分为半年度、季度、每月工作计划。在此指导下，按部就班，有条不紊地推进图书馆宣传工作；宣传计划要周密详尽，要注意宣传形式的多样化，避免被动化，防止出现守株待兔、闭门守书，专等读者上门的局面。

第三，形式多元化，宣传工作切忌形式单一，故步自封。

图书馆要因地制宜，从实际出发，可以编写各类宣传材料，制成小册子，广泛散发；可以制作宣传板报、阅报栏、大幅宣传标语；可以利用报纸、广播、电视、网络平台，及时把图书馆组织的专题、学术报告会、新闻发布会、读者联会、读书征文比赛，读书演讲比赛等活动宣传出去；设立本地作家作品专柜、中小学教辅材料专柜等，满足特定读者群需要；利用网络化、数字化技术，加快建设图书馆数字资源，克服经费不足，为公众提供更为全面、丰富的多样化的信息服务。

第四，抓好宣传队伍建设，宣传质量的提升离不开一支思想觉悟高、素质高的宣传队伍。

图书馆要从提升宣传质量和服务大局能力出发，深化思想解放，组织宣传先进分子外出取经，学习宣传工作先进经验，打破陈旧思想、传统观念，进一步提高宣传工作的政治意识、大局意识、责任意识，推动宣传工作拉高标杆、

提档升级；深入开展宣传学习培训活动，帮助宣传人员更好地认清宣传工作面临的新任务、新要求；开展业务探讨交流，提高专业技术水平，增强职业素养，提升能力；制定加强图书馆宣传工作实施意见、宣传工作要点，进一步明确宣传工作重点；实施目标管理机制，对宣传工作进行量化考核；坚持完善图书馆宣传选题制度，增强宣传的针对性和目的性；进一步完善宣传人才的日常选拔、培养机制，全力打造一支政治坚定、业务精通、善于创新、与发展水平相匹配的宣传队伍。

五、图书馆纸质和电子馆藏资源的宣传

（一）对纸质馆藏文献资源的宣传

馆藏文献资源是图书馆赖以生存的基础，也是读者利用图书馆获取知识的基本资源。因此，应加强对图书馆馆藏文献资源的宣传，包括对馆藏中图书和报刊的宣传工作。就目前来说，纸质文献是各类图书馆所藏文献中最主要的内容，所以，对这部分资源的宣传是图书馆宣传工作的重点。对图书的宣传不能仅仅停留在一般性的馆藏目录揭示和新书通报等形式上，而是要根据形势的发展，结合社会发展的主旋律，开拓思维，积极探索多种多样、群众喜闻乐见的形式，加大宣传工作的力度。如可采用举办新书、专题图书系列展览与推荐；举办科普知识讲座；开展读者书评活动；开展读书知识竞赛等多种形式，全面系统地宣传推介馆藏文献。

报刊资料在目前各个图书馆已成为仅次于图书的主要馆藏。因此，对报刊资料的宣传必须予以高度的重视。报刊资料的宣传揭示，除了常规的编织报刊资料目录、最大限度地扩大开架阅览的范围外，还应不断探索新的途径揭示馆藏，如针对来馆读者的特点编制各种文摘、题录、索引等。比如，报刊部就在高考前期，利用馆藏的国内权威性报刊，检索出年度大事记，编辑成小册子提供给需要的考生，受到考生的欢迎。

（二）对馆藏电子文献的宣传

随着现代化进程的加速，图书馆电子文献的数量与日俱增，所覆盖的范围也越来越广。在电子阅览室里，读者既可阅读所在图书馆馆藏文献，还可利用图书馆提供的现代化设备，在互联网上查阅网上的信息资源。对电子文献的宣传、

揭示，除了要有必要的目录、专门的电子阅览室外，还要配备专人专门作电子阅览室的阅读辅导，进行电子文献使用中各方面问题的咨询解答工作。对读者在图书馆电子阅览室的阅读行为，一方面要指导，另一方面还要有一定的限制，有突出学习、研究的成分，削弱和限制过多的娱乐成分。

在对馆藏电子信息类型的资源的宣传时，也可以通过图书馆集群网络管理来达到宣传的作用。城市图书馆公共服务体系是以图书馆集群为基础的，是将一个区域（或行业）内的图书馆紧密联系起来，组成职责明确、管理规范、便捷高效的图书馆联合体。统一业务管理，开展联合服务，确保技术手段支撑。如依托专业软件公司的技术优势，确定适合区域图书馆的集群管理平台。通过核心开发，实现集群内各成员图书馆业务管理自动化、地区联合编目和联合目录、集群内的图书馆文献资料的通借通还，构筑市图书馆的共享信息平台。通过整合开发，以目录管理为基础，实现图书馆馆内外文献资源的充分揭示与多层级服务，将图书报刊、电子文献、随书光盘、视音频资料、专题数据库、网上信息等多种资源整合起来予以揭示，提供电子文献的全文传递、文献资源共建共享、书目联合查询等服务。

六、当今全媒体时代下图书馆的宣传

第一，转变观念，提高认识是宣传推广的关键。

图书馆行业要转变观念，增强主动意识和服务意识。各图书馆应清晰认识到要想提高行业影响力，就要有过硬的本领。宣传推广工作是图书馆工作中重要的一环，体现在图书馆工作的各个环节。宣传推广做不好，图书馆就缺少吸引力，服务群众也就无从谈起。因此，各馆应提高对宣传推广工作重要性和必要性的认识，通过宣传推广来提高自身知名度，扩大影响力，激发活力，重塑图书馆的良好形象。

第二，图书馆特色文化是宣传推广的硬核。

全媒体时代图书馆应将特色文化作为宣传推广的核心。每个图书馆都别具一格、独具特色，都有独特的风格、特色的资源、个性化的服务。当前媒体融合快速发展，介绍图书馆、开展知识活动、推广服务项目依然十分重要。但需要图书馆文化来统领，需要以特色文化为核心，绘制同心圆，形成合力。只有深入挖掘图书馆的人、事、物，将环境建设、文化活动、图书馆故事等提炼为本馆的特色文化，塑造文化品牌，全方位、多角度进行宣传，才能让读者感知图书馆、了解图书馆、走进图书馆。如近年来出现的"图书馆公益广告""图书馆微电影""读书专题报道""图书馆故事"都是各地图书馆在宣传推广工作中做出的探索与实践。这些活动围绕特色文化挖掘人文情怀，使图书馆文化深入人心，取得了很好的效果。

第三，合作融媒体是宣传推广的主要途径。

在全媒体时代，各种媒体融合发展，媒体间分工合作更加精细化，宣传渠道更加多样，多形式、多平台、网络化的宣传方式被广泛应用。在这样的背景下，图书馆要善于把握媒体传播规律，积极与广播、电视、新闻出版、网站、微博、微信平台等媒体之间的合作，充分利用不同媒体的宣传特点和优势，围绕宣传中心精细策划，规范管理，开展大型的、高层次、多样式的社会性宣传推广活动，扩大宣传受众面，使更多的读者重新认识图书馆，回到图书馆。

第四，互动和体验是宣传推广工作的发展趋势。

互动和体验是全媒体时代的宣传推广的发展趋势，图书馆在宣传推广过程中也要注重设计互动与体验环节。一方面图书馆要拓宽读者沟通渠道，激发工作人员动力，主动提供针对性更强，定制化更高，便捷性更好的服务，增强吸引力；另一方面要积极创新服务模式，引导读者主动参与到宣传推广活动中来，主动了解图书馆的人员、馆藏资源结构、布局，掌握获得资源和服务的方法，从而提高馆藏资源利用率。

参考文献

［1］韩淑举. 我国近代公共图书馆制度变迁中的精英参与［J］. 图书馆工作与研究，2011（1）.

［2］吴慰慈，董焱. 图书馆学概论（第二版）［M］. 北京：北京图书馆出版社，2002.

［3］吴慰兹，张久珍. 图书馆学新探［M］. 北京：北京图书馆出版社. 2007.

［4］范并思. 公共图书馆的制度研究：十年回顾与述评［J］. 图书馆杂志，2013（7）.

［5］马费成. 科学情报的基本属性与情报学原理［J］. 图书馆论坛，2002（5）：14-17

［6］刘京京. 2007-2011 年我国情报学研究热点分析［J］. 情报科学，2012（4）：616-621.

［7］王贵琴. 中文图书编目中存在的问题及对策［J］. 创新科技. 2013（02）.

［8］饶丽英. 中文图书编目数据质量控制浅谈［J］. 科技信息，2010（36）.

［9］萨师煊，王珊. 数据库系统概论（第三版）［M］. 北京：高等教育出版社，2000.

［10］陈力，郝守真，王志庚. 网络信息资源的采集与保存———国家图书馆的 WICP 和 ODBN 项目介绍［J］. 国家图书馆学刊，2004（1）.

［11］周宁. 信息组织［M］. 武汉：武汉大学出版社，2001：329-332.

［12］王伟军，蔡国沛主编. 信息分析方法与应用［M］. 清华大学出版社，2010.10.

［13］孙建军. 信息检索技术［M］. 北京：科学出版社，2004：353-358.

［14］张三夕. 中国古典文献学［M］. 2 版. 武汉：华中师范大学出版社，

2007.

［15］刘琳，吴洪泽.古籍整理学［M］.成都：四川大学出版社，2003.

［16］许逸民.古籍整理释例［M］.北京：中华书局，2011.

［17］时永乐.古籍整理教程［M］.保定：河北大学出版社，2003.

［18］潘美娣.古籍修复与装帧［M］.上海：上海人民出版社，1995.

［19］刘家真.古籍保护原理与方法［M］.北京：国家图书馆出版社，2015.

［20］王国强.中国古代文献的保护［M］.武汉：武汉大学出版社，2015.

［21］李希泌，张椒华.中国古代藏书与近代图书馆史料［M］.北京：中华书局，1982.

［22］谢灼华.中国图书和图书馆史：修订本［M］.武汉：武汉大学出版社，2005.

［23］肖灵.浅谈传统图书馆与虚拟图书馆［J］.大学图书情报学刊，2001（4）：22-26.

［24］赵连云.数字图书馆的信息资源管理［J］.价值工程，2011（5）：159-160.

［25］严真.云环境下的图书馆变革［J］.图书馆工作与研究，2010（2）：37-39.

［26］王平建.云存储中的访问控制技术研究［J］.信息网络安全，2011（9）：41-43.

［27］陈传夫.图书馆发展中的知识产权问题研究［M］.北京：中国人民大学出版社，2015.

［28］白殿一.标准的编写［M］.北京：中国标准出版社，2009.

［29］GB/T1.1—2009.标准化工作导则第1部分：标准的结构和编写［S］.

［30］盛明光，塞树林.网络环境下图书馆藏书建设的思考［J］.内蒙古社会科学：汉文版，2002，第5期：114-115.

［31］李锦兰.网络环境下高校图书馆的藏书建设［J］.图书馆论坛，2001，第4期：53-54.